나의 개척시대

10년동안 다섯교회를 개척한 체험적 고백

김영철 지음

도서출판 영문

독일광부로 3년 화이바를 썼고,
교회건축을 하면서 8개월 화이바를 쓰고 설교한 사연!

머리글

내 시대가 주의 손에 있나이다

"나의 나 된 것은 하나님의 은혜로 된 것이니 내게 주신 그의 은혜가 헛되지 아니하여 내가 모든 사도보다 더 많이 수고하였으나 내가 아니요 오직 나와 함께 하신 하나님의 은혜로라"(고린도전서15:10)

할렐루야! 영원히 찬양받으실 우리 주께 모든 영광을 돌립니다. 하나님을 알지 못하고 방황하던 젊은 시절. 잘 살아보겠다고 독일에 광부로 팔려간 막장인생에게 어느 날 주님은 생명의 빛으로 찾아 오셨습니다. 불혹(不惑)의 나이 40에 부르심을 받고 목사가 되어 주님의 교회를 개척하여 꼭 10년(1994.1.1~2003.12.31)을 섬겼습니다. 이번에 또 다시 부족한 종에게 개척의 길을 열어 주셨습니다.

음악에도 쉼표가 있고, 운동경기에도 쉬는 시간이 있으며, 죽고 사는 전쟁에도 휴전이 있고, 고속도로에도 쉬어가는 휴게소가 있는데 앞만 보고 달려온 저에게 잠시 자신을 돌아보며 지난날에 베푸신 은혜의 체험들을 정리할 수 있는 시간이 허락되었습니다.

이 체험의 간증들이 은혜를 사모하는 성도들과 개척교회, 어려운 미자립교회, 사역을 준비하는 신학생들에게 조금이나마 도움이 되길 바랄뿐입니다.

"내 시대가 주의 손에 있사오니" (시31:15)

"나의 모든 일생이 주께 달렸습니다."라는 다윗의 고백은 삶과 죽음도, 행복과 불행도, 성공과 실패도 감당키 어려운 일을 당할 때에도 여전히 하나님의 크신 손 안에 있음을 고백한 것인데 이것은 저의 체험적 고백이기도 합니다. 다만 참으로 부족한 저를 도구로 삼으시고 어떻게 주님의 교회를 개척해 가셨는가를 체험, 간증을 통해 하나님께 영광 돌리기를 바랄뿐입니다.

끝으로 지난 10년 동안 고락을 같이했던 동역자들과 기도와 물질로 후원해 주신 모든 분들께 진심으로 감사드리며 이 책을 기쁨으로 바칩니다.

2004. 7. 1.
한소망교회 골방에서
김 영 철

차 례

머리글 ● 내 시대가 주의 손에 있나이다 / 3

제1부
주님께 드리는 개척보고서

1. 개척시대는 끝났는가? ··· 9
2. 인도의 영혼을 사랑하시는 하나님 ································· 13
   -인도왕성교회 개척기
3. 맞춤형 개척 ··· 18
   -필리핀 오소리오 은혜교회 개척기
4. 미지(未知)의 땅 ·· 23
   -중국 내몽고 바림우기교회 개척기
5. 물러났는가? 밀려났는가? ··· 29
   -한소망교회 개척기
6. 사회복지법인 장수마을 복지재단 설립 ························ 34

제2부
나는 부족하여도 (울산 왕성교회 개척기)

1. 나의 든든한 후원자 ··· 43

2. 몇 명이나 모입니까? 48
3. 영원한 고객은 없다 51
4. 첫번째 건축 – 은혜로운 건축 54
5. 두번째 건축 – 8개월동안 화이바를 쓰고 설교한 사연 58
6. 탈진한 목사 – 죽고 싶습니다 63
7. 승리의 행진곡 66
8. 성장의 동력(1) – 말씀 68
9. 성장의 동력(2) – 기도와 전도 71
10. 성장의 동력(3) – 일군 세우기 75
11. 숨은 일군들 79
12. 개판당회, 살판당회 82
13. 개척교회 섬기면서 가장 힘들었던 일 85
14. 헌금의 3원칙 87
15. 사랑하는 아내여! 90
　　하늘에서 그대 상급은 나보다 많을 것이요
16. 교육은 어떻게 했소? 94
17. 끝이 좋아야 모든 것이 좋다 98

제3부
나의 이력서

1. 나의 어린시절에서 독일광부로 가기까지 103
2. 독일생활 12년에서 배운 것 107
3. 꿈꾸는 자의 인생행로 111
　　※나의 이력서 113

제1부

주님께 드리는 개척보고서

1.
개척시대는 끝났는가?

> "여호와께서 아브람에게 이르시되 너는 너의 본토 친척 아비집을 떠나 내가 네게 지시할 땅으로 가라 내가 너로 큰 민족을 이루고 네게 복을 주어 네 이름을 창대케 하리니 너는 복의 근원이 될찌라 너를 축복하는 자에게는 내가 복을 내리고 너를 저주하는 자에게는 내가 저주하리니 땅의 모든 족속이 너를 인하여 복을 얻을 것이니라 하신지라"
>
> (창세기12:1~3)

1969년 7월 20일에 아폴로 우주선이 달에 착륙함으로써 세계를 놀라게 했다. 그 때까지 우주 분야에서 소련에 뒤지고 있던 미국은 NASA(미항공우주국)를 만들고 달 정복에 대한 꿈을 가졌고 그 꿈은 현실로 나타났던 것이다.

존 F.캐네디가 뉴 프론티어 정책을 발표했을 때 미국 사람들은 그 막대한 예산을 복지에 쓰지 않고 낭비한다고 맹비난을 했다. 그러나 서부로! 서부로 개척해가던 그들은 더 이상 미국 땅에 개척할 땅이 없다고 정신적 공백이 생겼을 때 달 정복에 대한 꿈은 미국인들의 자존심을 회복하고 새로운 개척에 대한 꿈을 심어주었다.

하나님은 꿈꾸는 자에게 꿈을 보여 주시고 꿈을 꾸는 자에게 꿈 같은 일을 이루어 주신다.

개척시대는 끝났는가? 저는 단호하게 노(NO)라고 대답할 수 있습니다. 지금도 하나님은 필요한 곳에, 필요한 때에, 필요한 사람을 보내시고 하나님의 교회를 세워가는 줄 믿기에 당돌하게 「나의 개척시대」이야기를 드리고자 합니다.

"개척교회를 세우는 것이 사실상 불가능하다"

"개척교회는 99%가 실패한다"

"교회가 다방보다 많은데 또 교회를 세우는가?"

"개척교회 세우는 것은 천지창조보다 어렵다"는 패배의식, 부정적인 의식이 교계에 팽배해 있다. 그러므로 개척자에게 가장 중요한 것은 은혜의식이요 개척정신이다. 천번 만번 죽어도 마땅한 죄인이 구원받은 것은 전적인 하나님의 은혜요 천하고 무능한 나에게도 사명을 주셨다는 은혜의식으로 충만할 때 겸손하게 되고, 일이 잘 될 때에는 하나님께 전적으로 영광을 돌리게 되며, 어려울 때는 자신의 부족으로 알고 가슴을 치며 무릎을 꿇게 된다.

신앙의 자유를 찾아 신대륙으로 건너갔던 청교도들의 신앙은 한마디로 「개척자의 신앙」이라고 볼 수 있다. 그들은 황무지를 개간하여 삶의 터전을 닦으면서 제일 먼저 교회를 세워 하나님께 예배를 드렸고, 그 다음엔 학교를 세워 자녀들을 교육했으며, 맨 나중에 자기들이 살 집을 지어 정착했다. 그들의 개척정신은 짧은 역사 속에서 세계를 지배하는 초강대국인 오늘의 미국을 건설하는 기초가 되었다.

이러한 개척정신이 창세기12:1~3에 잘 나타나 있는데

첫째는 개척자에게 분명한 하나님의 부르심이 있었다. 개척자로 부르심을 받았다는 그 사실 하나만으로도 행복의 충분조건이 되는 것이다. 사명을 자각하고 사명을 발견하면 새로운 인생이 열리고 더 높은 곳으로 비약할 수 있는 것이다. 사명자는 가슴에 불이 있다. 사명자는 활력이 있다. 사명자는 왕성하게 일한다. 사명자는 눈가림으로 일하지 않는다. 사명자는 때로 생명까지도 아끼지 않는다.

1902년 7월. 목포근해에서 선박충돌사고가 났다. 그 배에는 이화학당 학생들이 타고 있었는데 두 학생을 구출하고 자신은 44살의 젊은 나이로 사랑의 제물이 되었다. 그가 한국에 복음을 전하던 아펜젤러 선교사였다. 윌리엄 그리피스 박사가 쓴 「한국의 개척자들」책에 이렇게 기록하고 있다. '아펜젤러 그는 몸집이 좋고 잘 생겼고 머리도 총명한 사람이었다. 미국에 있었으면 좋은 자리와 넉넉한 생활이 보장된 인물이었다. 그러나 그는 어수선한 한국교회 초기에 복음을 전하다 희생되었는데 미국으로서는 참으로 아깝고, 애석한 일이었다.' 라고 기록하고 있다. "한알의 밀알이 죽어 많은 열매를 맺는다"고 했는데 그의 죽음은 헛되지 않아 많은 젊은이들의 가슴속에 불을 질렀던 것이다.

둘째는 개척자의 가는 길은 그 길이 험하고 힘들다는 것이다. 부르심을 받은 아브람의 길이 결코 평탄하지 않았다. 개척자의 길은 고생길이다. 순종하여 가는 그 길에도 고난은 있었다. 개척이란 무에서 유를 창조하는 것이다. 황무지를 개간하여 옥토로 바꾸는 것이다. 빈손으로 창업하여 든든한 기업을 이루는 것이다. 세상일도 쉽게 이룬 것은 쉽게 무너진다. 성공과 번영은 결코 우연의 산물이 아니다. 땀 흘리지 않고 성공하려는 자가 불한당(不汗黨)아닌가? 그리고 개척자의 신앙은 뒤로 물러가지 않고 앞으로 힘차게 전진하는 것이다. 개척자의 길은 모두가 낯선 길이요 장애물이 많으므로 낙담하고 좌절하기 쉽다.

영국의 저명한 사학자 맥더날드 박사는 1985년도에 한국교회를 둘러보고 귀국하여 영국언론들에 호소하기를 "세계 모든 교회들은 한국교회를 배워야한다. 한국교회의 뜨거운 열정, 헌신과 부흥의 역사를 배우라고..." 그리고 그가 10년만인 1995년도에 한국교회를 둘러보고 귀국하여 언론에 호소하기를 "세계 모든 교회는 이제 한국교회를 위하여 기도해야 한다"고 했다. 이 말은 지금 한국교회가 많은 문제를 안고 있다는 것인데 이대로 주저앉을 것인가? 개척시대는 끝났는가? 아니오!

2.
인도의 영혼을 사랑하시는 하나님-인도왕성교회 개척기

"밤에 환상이 바울에게 보이니 마게도냐 사람 하나가 서서 그에게 청하여 가로되 마게도냐로 건너와서 우리를 도우라 하거늘 바울이 이 환상을 본 후에 우리가 곧 마게도냐로 떠나기를 힘쓰니 이는 하나님이 저 사람들에게 복음을 전하라고 우리를 부르신 줄로 인정함이러라" (사도행전16:9~10)

모델교회는 목회의 방향을 좌우한다. 개척교회 사역자는 누구나 교회가 안정되고 빨리 성장하기를 소원한다. 그런데 10년을 돌이켜보니 속도보다는 방향이 더 중요했다. 한국에도 큰 부흥과 성장을 이룬 교회들이 많지만, 성경에서 세 교회를 모델로 삼았다. 첫째가 선교지향적인 안디옥교회였다.(행전13:1~3) 안디옥교회는 교인이 많지도 않았고 큰 건물이 있었던 것도 아니고 재정이 풍부했던 것도 아니었다. 그러나 최초로 선교사를 파송하여 오고 오는 세대에 아름다운 이름을 남기고 있다. 둘째는 환난과 궁핍 가운데서도 죽도록 충성한 서머나교회였다.(계2:8~11) 셋째는 적은 능력을 가지고도 주의 말씀을 지키며 주의 이름을 배반치 아니하고 주

님의 칭찬을 들었던 빌라델비아교회였다.(계3:7~13)

개척초기부터 선교를 지향하며 끊임없이 기도하고 준비한 결과 하나님은 작고 연약한 교회를 통하여 인도에 교회를 개척하게 하셨다. 왕성교회를 개척한지 4년만의 일이었다. 인도 남부 벵갈로시에 대지 75평을 매입하고 30평의 예배당을 건축하여 1998년 7월 12일에 설립예배를 드렸다.

당시 대지를 구입한 후에 IMF로 인하여 큰 어려움을 만났으나 성도들이 헌신적으로 동참하여 교회가 세워졌다. 인도는 한반도의 14배. 인구 10억이 넘는 큰 나라인데 선교의 문이 열려있는 나라였다. 선교현지에서 보고 느낀 것인데 마드라스에서 벵갈로까지 자동차로 6시간 걸렸는데 인구 50만, 20~30만 도시가 많았으나 교회는 없었다. 벵갈로시에서 3시간 거리의 마이솔이라는 도시는 인구 100만의 큰 도시인데도 교회는 없었다. 삼성전지 직원이 시장개척을 위해 파견되어 있었다. 그들은 상사의 발령을 따라 돈을 벌기 위해 그 먼 곳에서 일하고 있었다. 인도의 영혼을 사랑하시는 하나님께서 저 영혼들을 버려두셨는가? 땅 끝까지, 만민에게, 모든 족속에게 가서 복음을 전하라고 명령하셨는데, 인도는 선교의 문이 열려있으니 얼마나 감사한 일인가? 선교의 문이 닫혀 있을 때에는 기도하고 준비하며 기다리는 것이 선교의 원리이지만, 그러나 선교의 문이 열려있는 나라라면 복음 들고 달려가야 하지 않겠는가? 인도는 대부분이 힌두교도요, 소수의 무슬림, 불교, 기독교가 있다. 인구 50만, 80만, 100만 도시에 교회가 없다면 기도의 제목이 되지 않을까? 인도의 수많은 영혼들이 복음에 목말라하고 있으며 건너와서 우리를 도우라고 요청하고 있다. 선교는 이론이 아니다.

보고 움직여야 한다. 선교는 우리의 꿈이 아니라 하나님의 소원이요, 비전이다. 목장은 넓고 선교는 시급하다. 인도왕성교회 사역자는 인도인 폴라지 목사이다. 인도의 영혼을 사랑하시는 하나님은 오늘도 "눈을 들어 밭을 보라 추수할 것이 많다"고 하신다.

인도왕성교회 폴라지목사부부

인도왕성교회 모습

인도왕성교회 설립예배

인도 토마스학원 고아들과 함께

3.

맞춤형 개척
- 필리핀 오소리오 은혜교회 개척기

"안디옥 교회에 선지자들과 교사들이 있으니 곧 바나바와 니게르라 하는 시므온과 구레네 사람 루기오와 분봉왕 헤롯의 젖동생 마나엔과 및 사울이라 주를 섬겨 금식할 때에 성령이 가라사대 내가 불러 시키는 일을 위하여 바나바와 사울을 따로 세우라 하시니 이에 금식하며 기도하고 두 사람에게 안수하여 보내니라"(사도행전13:1~3)

"중국 사람들은 어디를 가든지 레스토랑을 세우고, 일본 사람들은 어디를 가든지 무역회사를 세우고, 한국 사람들은 어디를 가든지 몇 사람만 모이면 교회를 세운다"는 말이 있다. 이런 면으로 보면 우리나라는 영적으로 복 받은 민족이다.

환난으로 인하여 사방으로 흩어진 그들이 안디옥에 이르러 교회를 세웠다. 흩어진 그들은 평신도들이었다. 안디옥교회는 우리에게 몇가지 교훈을 주고 있는데, 인적자원이 선교의 기초가 됨을 보여주고 있다.

안디옥교회 성도들은 유대인과 헬라인이 섞여있었고 귀족출신

과 평민이 섞여있었으나, 지역적인 감정이나 장벽을 초월했고 본
토출신과 섬 사람들이 하나가 되어 선교에 대한 같은 목적과 같은
열정을 가지므로 선교역사에 아름다운 이름을 남기게 되었다. 그
리고 안디옥교회 성도는 많지 않았으나 교육이 뒷받침되어 선교의
기초를 이루었고 성령의 인도함에 민감하게 반응하는 교회였다.

선교는 주님의 명령이요 간절한 소원이며 선교는 주님의 최대
관심사임에도 불구하고 교회내에서 선교의식화는 쉽지 않았다. 미
국 L.A. 동양선교교회는 미국한인교회 중에서는 가장 큰 교회(임
동선 담임목사)이다. 전세계에 150개의 선교사업을 감당하고 있는
데 교회가 성장한 후에 선교를 한 것이 아니라 개척초기부터 세계
선교를 목표로 하고 하나님이 기뻐하시는 일을 하다보니 교회성장
의 큰 동력이 되었던 것이다.

인도왕성교회를 개척한 후 하나님은 필리핀에 교회를 개척할
수 있도록 세밀하게 간섭하셨다. 총회(고신) 파송 서대균 선교사가
보내온 서신 중 필리핀 수도 마닐라에서 1시간 떨어진 뚜마게띠
지역에 교회가 없으니 교회를 세우면 어떻겠느냐는 제의가 있었
다. 마닐라에서 철거되어 집단이주한 마을인데 아직 교회가 없다
는 소식을 접하고 1차 현지를 방문할 수 있었다. 처음 만난 그들에
게서 우리나라 60년대 생활고에 시달리던 모습을 볼 수 있었고, 무
엇보다 대부분 천주교의 영향을 받아 종교적 흔적은 있으나 영혼
의 피폐함은 여기저기서 드러나고 있었다. 주님께 "이 영혼들을
불쌍히 여겨 달라"고 무릎을 꿇지 않을 수 없었다.

거룩한 부담을 안고 귀국하여 기도하던 중 제직회의 결의로 필
리핀에도 교회를 개척하기로 하고 연립주택 한 칸을 세를 얻어서

2003년 3월 15일 설립예배를 드리게 되었다. 맞춤형 개척이라 함은 본 교회 증축 후 재정상태가 어려웠으나 선교에 대한 부담을 형편에 맞도록 인도해 주셨기 때문이다. 300여명의 주민들을 초청하여 설립예배를 드리고 준비해 간 기념타올과 도시락을 나누며 즐거운 하루를 보냈다. 최태근 장로, 이재명 안수집사, 배도연 권사와 사모와 함께 동행했는데 그들의 필요가 무엇인지 함께 확인할 수 있는 좋은 기회였다. 성도들의 끊임없는 기도와 물질 후원으로 또 하나의 주님의 교회를 필리핀에 개척할 수 있었다.

강철왕 카네기는 "주는 것이 받는 것보다 복이 있다" 하신 말씀이 자기를 부자되게 했다고 고백했다. 그리고 백화점을 경영하여 거부가 된 페니라는 사람도 "수고하여 약한 사람을 돕는다"(행전 20:35)는 것을 사업모토로 삼았더니 하나님이 감당키 어려운 물질의 복을 주셨다고 고백한 적이 있다. 한국교회에도 이렇게 수고하여 약한 자를 돕는 부자가 많이 나오고 선교에 귀하게 쓰임받기를 기도했다.

"선교는 주는 것이다" 그것이 영적이든, 물질이든, 그들의 필요를 채워주는 것은 선교전략상 중요한 요소라고 생각한다. 이것이 궁극적으로는 거두는 선교임을 확신한다.

필리핀 오소리오 은혜교회 따보따보 목사

필리핀 오소리오 은혜교회 앞에서

필리핀 오소리오 은혜교회 주변 집단거주지

필리핀 오소리오 은혜교회 성도들과 아이들

4.
미지(未知)의 땅
—중국 내몽고 바림우기교회 개척기

"형제들아 내가 여러 번 너희에게 가고자 한 것을 너희가 모르기를 원치 아니하노니 다른 이방인 중에서와 같이 열매를 맺게 하려 함이로되 지금까지 길이 막혔도다" (로마서1:13)

사도바울은 당시 세계의 중심이었던 로마를 거점으로 세계선교를 꿈꾸었으나 그 길이 여러 번 막혔다. 그는 당시 땅끝이라고 알려진 서바나까지 가고자 하는 열망이 있었다. 인도왕성교회를 개척한 후 중국선교에 대한 소원을 가지고 기도해 왔으나 길이 쉽게 열리지 않았다. 교회의 허락을 받고 1999년 6월 28일부터 일주일간 여정으로 이유택 장로, 신경아 자매와 함께 동북 삼성 중 하나인 길림성 연길시를 1차 탐방하게 되었다.

연변두레농장에서 조선족 청년들을 만나 3일간 성경공부를 하고 선교사님의 배려로 계획에 없었던 민족의 영산 백두산을 볼 수 있었다. 산꼭대기에 오르니 남이장군의 시(詩)가 생각났다. "남아 이십에 천하를 평정 못하면 어찌 사내대장부라 하리요" 계속되는 짧은 여정 속에서 고아원에 있는 탈북어린이 광철(14살), 성철(12살)을 만났는데 배고픔을 참지 못해 탈북했는데 백두산 호랑이도 무섭지 않았다고 했다. 두만강 강변에서 바라본 북한 땅은 저주받은 황폐한 땅이었다. 한때 광산으로 유명했던 무산이라는 도시는 낮인데도 사람 하나 보이지 않는 유령의 도시처럼 보였다. 강 건너편에서도 선명하게 볼 수 있었던 현수막에는 "위대한 수령 김일성 우리와 함께 영원히 살아계시다"라고 적혀 있었다. 김일성을 신(神)으로 숭상했던 그들이 불쌍했다. 1차 선교지 탐방에서 길이 열리지 않았다.

그 후 2차로 최태근 장로와 하성국 성도, 박덕기 성도가 한팀을 이루어 하얼빈을 중심으로 개척지를 물색했으나 길이 열리지 않았다. 그러던 중 2003년 10월 13일부터 10월 20일까지 8일 여정으로 3차로 이재명 장립집사와 함께 선교여행길에 올랐다. 북방선교회에서 계속해오던 한족교회 평신도 지도자 강의도 계획되어 있었다. 기도제목은 오직 "이번 발걸음이 헛되지 않게 하소서. 중국에 개척의 길이 열리게 하옵소서!" 였는데 주님은 세밀하게 간섭하셔서 중국령 자치구 내몽고로 인도하셨다. 중국의 55종족 가운데 하나인데 동에서 서쪽 끝까지의 거리가 5300㎞정도이다. 조선족교회 목사님은 노파심에서 "그 곳에 가면 외국인들의 감시가 심하니 사업차 토산품 조사하러 왔다"고 이야기하라고 우리에게 일러주었는데, 실제 현장에서는 그렇게 느낄 수가 없었다.

석탄을 때는 열차를 타고 8시간. 왕복 16시간. 중간에 기다린 시간을 포함하면 40시간 기차를 탄 셈이다. 새벽2시에 도착. 아침7시에 떠나야하는 짧은 만남이었다. 비행기일정을 조정할 수 없었고, 기차가 하루에 한번밖에 운행하지 않는 관계로 시간에 쫓기는 여정이었다. 바림우기라는 도시는 내몽고 철도부설 중 생긴 도시라고 했다. 인구 20만 도시에 철도에 종사하는 자들이 많다고 했다. 새벽2시에 현지에 도착했을 때 따뜻한 자스민 차를 대접받았다. 시골 사람들을 만나듯 순박한 그들의 모습에서 쉽게 친근감을 느꼈다. 가정집에서 예배를 드리고 있었으나 지도자는 없었다. 함께 새벽예배를 드렸다. 새벽예배는 누가 가르쳐준 것도 아닌데 성경에서 배웠다고 했다. 날이 밝기 전 그들이 예배당을 건축하고 있는 현장으로 가게 되었다. 하나님께서 예비하신 땅이었다. 땅을 800평 구입하고 30평정도의 교회를 짓고 내부를 꾸미고 있었다. 놀라운 것은 그들 스스로 모든 일들을 진행하고 있었다는 것이다. 촌장의 허락을 받았는데 민원문제가 해결되었다는 것이다. 전도증을 소지한 자(중국교회 허가증)가 한명 있었고, 세례를 받은 자도 5명이고, 세례받기 원하는 자도 10여명 되었다. 아직 그 도시에는 십자가가 무엇인지 모르고 집 대문마다 복(福)자만 붙어 있었다. 바림우기교회 성도들과 2004년 1월에 설립예배를 드리기로 하고 헤어졌다. 이번 중국선교여행에는 이재명 집사가 동행하여 큰 힘이 되어 주었으며, 조선족교회 홍문길 통역관이 수고해 주었고, 한족 장정(長晶) 자매가 함께 동행하였다.

여기서 잠시 중국의 종교정책을 언급하고자 한다. 「자양, 자치, 자전」인데, 외국선교사의 선교활동을 공식적으로는 일체 금하고 있다. 설교하다 잡히면 큰 돈을 요구하고 어려운 교회를 도와주면 돈을 빼앗아가는 경우도 있다고 한다. 어려운 여건 속에서도 선교활동은 묵인되고 있는 셈인데 중국이 2008년에 올림픽개최를 앞두고 종교정책에도 변화를 기대해 볼 수 있다. 종교문제와 인권문제는 국제여론을 감안하여 조금 완화되리라 예측해본다. 중국선교는 앞으로 5년이 선교황금기라고 볼 수 있다.

백두산 정상에서

두만강 건너편에서 본 북한땅

중국연변 두레농장 조선족 청년들과 함께 성경공부하다

내몽고 바림우기 교회 앞에서

연변대학 복지병원 김철준 선교사와 함께

5.

물러났는가? 밀려났는가?
–한소망교회 개척기 (감사 10년, 도전 10년)

> "형제들아 나의 당한 일이 도리어 복음의 진보가 된 줄을 너희
> 가 알기를 원하노라"   (빌립보서1:12)

내가 50평생 살아오면서 놀랄 일들이 많이 있었지만 2003년 12월 14일(주일)은 결코 잊을 수 없는 충격적인 날이었다. 빈손으로 개척하여 이제는 안정권에 들었고 더러는 개척교회 성공적인 케이스라고 말을 듣기도 했는데, 위임투표 결과는 절반정도가 반대하는 것으로 나타났다. 그 결과만 두고 보면 첫째는 나의 부족함이 입증된 셈이요, 둘째는 인간적으로 생각하면 배신당한감도 있었으나, 내가 당한 일이 도리어 복음의 진보를 가져왔으니 하나님의 뜻으로 믿고 있다. 평소 목사위임에 대한 나의 생각은 이러했다. 개척한 후 하나님이 허락하시면 장로를 세우고 언젠가는 건축을 하게 될 것인데, 그 때쯤 위임관계를 거론해 보는 것이 합당하다고 보았다. 교회에 정치가 필요한가? 나는 평소 교회질서를 위해 정치와 조직과 제도가 필요하다고 보았다. 그 근거는 "하나님은 어지러움의 하나님이 아니시요 오직 화평의 하나님이시라"(고전14:33)

는 말씀과 "모든 것을 적당하게 하고 질서대로 하라"(고전14:40)는 말씀이었다. 교회증축이 끝나고 얼마 후 당회에서 위임문제를 제의했더니 장로님들이 반대했다. 그래서 때가 아닌가보다 하고 1년이 지난 어느 날 당회에서 장로님들이 다시 위임관계를 제의했는데, 10년을 몇 달 앞둔 이 시점에서는 위임투표를 해도 하나님 앞에, 양심에 거리낌이 없다고 판단되어 당회에서 결의하고 공동투표를 하게 되었다.

목사는 밥 먹고 살자고 목회하는 것이 아니잖는가? 장로 투표할 때 하지, 장립집사 투표할 때 하지 왜? 그렇게 미루었냐고 했지만, 목사위임이 보장된 밥그릇이 아니라고 생각해왔다. 투표하던 날 충격을 가누지 못하고 부전기도원으로 갔다. 웅촌에서 기도원까지 약 3.5km였는데, 차도 없고 걸어가는데 만감이 교차했다. 생활대책이 전혀 없던 나에게 제일 먼저 생각나는 것이 그래도 먹고 사는 문제였다. 어디로 갈까? 서울로 갈까? 부산으로 갈까? 공장에 가서 일을 할까? 이번 기회에 목회를 그만둘까? 그러다가 기도원 가까이 갔을 때 문득 내가 목사라는 생각이 들었다. "주님 저가 목사입니다. 맞아요. 저가 목사인데 먹고 사는 것을 걱정했네요!"

그리고 기도원에서 짐을 풀고 누가복음 16장 1~13절 말씀을 묵상하게 되었다. 불의한 청지기 비유의 말씀이었는데 "내가 무엇을 할꼬 땅을 파자니 힘이 없고 빌어먹자니 부끄럽구나 내가 할 일을 알았도다" 그날 밤은 뜬 눈으로 지새고 새벽기도에 참석했다가 그 말씀을 성령으로 확실히 조명해 주셨다. "내가 할 일을 알았도다" 하나님이 주신 비전 "노인복지"였다. 이 일을 하라고 사회복지법인 장수마을 복지재단을 허락하셨는데... 그 시간까지는 전혀 생각이 나지 않았다. "주님! 노인복지를 통한 영혼구원은 내 꿈이 아니라 주께서 주신 꿈입니다. 주님! 개척하겠습니다" 몇 일을 계획하고 기도원에 올랐으나 하루 만에 확신을 얻고 하산을 하게 되었다. 사실 아내와 딸에게도 충격이었으나 하나님은 먼저 가정에 평화를 주셨고, 오히려 담대힘을 주셨다.

그날부터 개척지를 두고 기도하는데, 개척한다는 소문이 나더니 교회에 가까운 곳에 개척하여 교인 빼가는 것은 아닌가? 하고 단속을 한다 했다. 새로 모실 목사님을 위해 특별기도회도 하고 금식으로 기도해야 할 판인데 또 한번 가슴이 아팠다. 그리하여 교회를 사면하고 나오던 날 중직자들에게 "하나님과 여러분들에게 맹세컨대 내 입으로 개척교회 오라고 하지 않을 테니 안심하라"고 일러두었다.

불의한 청지기 비유가 주는 교훈이 무엇인가? 목사도 해고통보를 받고 장로도, 집사도 어느 날 해고통보를 받을 것이다. 이 날은 일손을 놓고 부르시는 그 날이다. 나는 젊은데요. 나는 할 일이 아직 남았는데요. 나는 부양해야 할 처자식이 있는데요... 그러나 주께서 부르시면 손놓고 가야 하지 않겠는가? 놀라지 말고 담대하게 대처할 수 있도록 준비해야 할 것이다. 우리는 주님의 소유권도, 회수권도, 회계권도 인정해야 한다. 사도바울의 고백처럼 나의 당한 일이 복음의 진보를 가져왔다는 말은 환경적으로는 조금도 나아진 것이 없으나 부족한 종을 통하여 또 한번 개척의 기회를 주셨다는 엄청난 축복이다.

개척지를 물색하던 중 지금의 명촌, 진장지역으로 인도하셨다. 4,000세대 아파트가 밀집한 곳은 터무니없이 비싼 임대료에 엄두를 못 내고 철거대상지역인 지금의 자리로 정하게 되었다. 2005년 8월에는 완전 철거된다는 말이 있으나 우리에게는 시간을 벌 수 있는 여건이었다. 식당하던 집을 구하게 되었는데, 집 여주인이 얼마 전 뇌암으로 장사를 그만두고 문을 닫아놓은 상태였다. 보증금 300만원에 월세 30만원으로 2년 계약하고 2004년 1월 첫주부터 감격적인 예배를 드리게 되었다. 식당을 개조하여 예배당으로 만들었는데, 하나님께 예배드릴 수 있는 공간이 있다는 사실만으로도 천하를 얻은 기분이었다. 12명이 첫 예배를 드렸다. 위임투표 결과를 놓고 나 자신이 놀란 것 보다 주위의 많은 분들이 놀라고 위로해 주었다. 청빙제의도 있었다. 울산 시내 모 교회 목사님은 사모님의 건강관계로 목회를 지속하기 어려워 부족한 종에게 맡아줄 것을 제의했다. 아담한 예배당에 성도가 50명 정도는 모이는 안정된 교회라고 했으나, 주님은 노인복지 전문사역을 통한 개척에 무게를 달아주셨다. 한소망교회 이름은 성경을 읽다가 에베소서 4장 4절 말씀이 마음에 부딪쳐 그대로 정하게 되었다.

"몸이 하나이요 성령이 하나이니 이와 같이 너희가 부르심의 한 소망 안에서 부르심을 입었느니라"

한소망교회 예배모습

한소망교회 설립예배(2004. 4. 27)

6.
사회복지법인 장수마을 복지재단 설립

"너희는 세상의 소금이니 소금이 만일 그 맛을 잃으면 무엇으로 짜게 하리요 후에는 아무 쓸데없어 다만 밖에 버리워 사람에게 밟힐 뿐이니라 너희는 세상의 빛이라 산 위에 있는 동네가 숨기우지 못할 것이요 사람이 등불을 켜서 말 아래 두지 아니하고 등경 위에 두나니 이러므로 집 안 모든 사람에게 비취느니라 이같이 너희 빛을 사람 앞에 비취게 하여 저희로 너희 착한 행실을 보고 하늘에 계신 너희 아버지께 영광을 돌리게 하라" (마태복음 5:13~16)

비전이 있는 사람과 몽상가의 차이가 무엇인가? 비전이 있는 사람은 말은 적으나 행동하는 사람인 반면, 몽상가는 말은 많으나 행동은 적은 사람이다. 비전이 있는 사람은 자기 내면의 확신에서 힘을 얻지만, 몽상가는 외부환경에서 힘을 찾는다. 비전이 있는 사람은 문제가 생겨도 계속 전진하지만, 몽상가는 가는 길이 힘들면 그만두게 된다.

교회를 증축한 후 교회의 장기적인 목표를 놓고 고심하다 노인복지를 통한 구원사역에 중점을 두고 준비하게 되었다. 교회의 본질적 사명은 복음의 선포, 사랑의 친교, 이웃에 대한 책임있는 봉사로 볼 수 있는데 지역사회의 필요가 무엇일까? 노인복지는 교회 성장의 수단이 아니라 노인복지는 교회의 본질적인 사역으로 본다. 복지도 장애인복지, 아동복지, 여성복지, 노인복지 등 여러 분야가 있지만 그 중에 고령화사회로 접어들면서 교회가 노인복지를 통해서 지역사회를 섬기는 것이 마땅하다는 결론을 얻었다. 이제는 교회가 살아남기 위해서라도 교회의 구조조정이 필요하고, 교인들의 의식전환도 필요하다고 보고 있다.

어릴 때 할머니에게 들은 이야기다. 사람이 건강하게 살려면 머리는 차야하고 발은 따뜻해야 하고 배는 좀 곯아야 한다고 하셨다. 교회도 건강한 교회로 거듭나기 위해서는 체중을 줄여야 할 때라고 본다. 의사의 말을 빌리면 사람의 위는 70%정도 채우는 것이 건강에 가장 좋다고 하지 않는가? 사실 교회재정 중에서 노인에 대한 예산은 빈약하기 그지없고, 구제나 복지에 대한 투자를 외면하고 있다. 교인수와 건물의 크기를 가지고 교회를 평가하며 목회의 성공여부를 따지던 이전시대의 가치관은 벗어나야 할 것이다. 교회가 베풀면 사회가 밝아진다고 확신하고, 노인복지를 통한 하나님 나라 확장에 포커스를 맞췄다. 복음 중에 복음은 예수복음이요, 예수님의 사역 중에 많은 부분이 약자에 대한 배려임을 볼 때, 복지를 통한 영혼구원도 복음임에 틀림없다.

여기서 잠시 장수마을 설립배경을 살펴보고자 한다. 하나님을 믿는 한 성도가 자기 소유 임야 58,000평이 선한 사업에 쓰여지기를 원하여 이에 뜻을 같이한 동역자들이 매월 1회 기도회로 모였다. 하나님의 은혜로 2003년 6월 28일 울산시로부터 사회복지법인 장수마을 복지재단(울산시 2003-13호) 설립 허가를 받았다. 기증

받은 땅이(경주시 내남면) 울산에서 자동차로 1시간 소요되는 원거리이므로 가용면적 중 1,400평을 벌채허가 받아(경주시 개간사업 시행인가증 제 2003-1호) 벌채 완료하고 농장으로 준비하고 있다. 주간보호소는 2003년 9월 15일부터 울산시 북구 신천동 310번지 왕성교회 1층에서 운영하다 지금은 울산시 북구 진장동 780-2번지로 옮겼다.

재가노인복지사업은 ①가정봉사원 파견사업과 ②주간보호사업(보호를 받을 수 없는 심신이 약한 노인과 장애노인을 낮동안 입소시켜 필요한 편의를 제공하고 이들에게 생활안정의 유지와 그 가족의 신체적, 정신적 부담을 덜어주기 위한 사업이다) ③단기보호사업으로 나눌 수 있다.

주간보호소 운영시간은 월요일부터 금요일까지(매일 오전 9시부터 오후 5시까지)이고, 입소대상은 만 65세 이상 노인(독거노인이나 국민기초생활대상자)이며, 사회복지사 1명(2급 자격자), 간호사 1명(간호사 자격증 소지자), 생활지도원 1명, 조리원 1명, 운전기사 및 보조원 1명과 자원봉사자들로 운영하고 있다.

우리의 비전은 "노인천국"이며,
장수마을은 3무(3無)
(1)공해가 없는 마을 (2)담이 없는 마을 (3)빚이 없는 마을

장수마을은 3유(3有)
(1)노후가 행복하고 (2)일하는 즐거움이 있고
(3)노인이 사람대접 받는

노인복지의 시범마을로 가꾸어 갈 것이다.

  2005년에는 정부로부터 시설을 지원받아 필요한 시설을 갖추어 실제적이고 구체적인 노인복지를 실현하고자 준비하고 있다. 노인복지 지금이 시작이다. 특히 개신교는 불교나 천주교에 비해 복지 분야만은 크게 뒤지고 있다. 지금은 머리로, 입술로 섬기던 시기는 지나고, 손과 발로 섬겨야 할 때가 되었다.
  불신자들이 보는 교회는 어떨까? 폐쇄적이고 독선적이라 한다. 사회로부터 신뢰를 잃은 곳으로 보고 있다. 불신에 가득차 있는 그들에게... 묵묵히 입 닫고 5년, 10년, 20년 봉사하면 예수믿는 사람들은 그런 사람들이 아니라고 인정할 것이다. 전도의 접촉점도 자연스럽게 이루어진다. 그동안 재가복지와 주간보호소 운영을 통해 몇 분을 교회로 인도했고, 지금도 신앙생활을 잘하고 있다.
  교회는 시설이 있다. 물적자원이 있다. 그리고 인적자원도 있다. 사회복지재단을 설립하고 교회에서 자원봉사자들을 모집해 보니 당시 180명 재적 중 10명도 되지 않았다. 그동안 몇몇 봉사자들을 제외하고는 노인복지에 무관심했고, 많은 부담을 가지고 있었다. 그러나 이 거룩한 부담을 잘 감당할 때 산소 같은 교회로 지역사회에 자리매김하리라 생각한다.

사회복지법인 장수마을 복지원 개원예배

장수마을 주간보호소 노인들과 함께

장수마을 주간보호소 윷놀이 시간

제 2 부
나는 부족하여도
(울산 왕성교회개척기)

1.
나의 든든한 후원자

"너희 안에서 행하시는 이는 하나님이시니 자기의 기쁘신 뜻을 위하여 너희로 소원을 두고 행하게 하시나니" (빌립보서2:13)

간증은 자기의 체험적 신앙고백이요, 간증의 목적은 하나님께 영광을 돌리는 것인데, 울산왕성교회를 개척하고, 국외에 3교회, 국내에 한소망교회까지 개척을 하게 하셨다. 10여년동안 다섯교회를 개척하게 하신 것은 전적인 하나님의 은혜요, 도우심이었다.

나는 독일에 광부로 갔다가 고된 외국생활 중에 예수를 만났다. 사역자로 부르심을 받은 것은 40세 되던 해였다. 포도원에 품꾼을 부르실 때 해질 무렵 늦게 부름을 받은 자도 있음을 알고 큰 위로가 되었다.(마20:6~7) 신학을 하는 과정 속에서 오직 한가지 기도제목은 "개척교회를 할 수 있도록 길을 열어 주옵소서"였다. 지속적으로 이 한가지 기도제목을 붙든 것은 마음에 지속적으로 일어나는 강한 소원 때문이었다.(빌2:13)

교회개척이 어려운 현실이지만 하나님은 필요한 때에, 필요한 곳에, 필요한 일꾼을 부르시고 세우시는 줄 믿었다. 졸업반에 들어

서면서 진로에 대한 기도를 구체적으로 하게 되었는데, "주님이 원하시는 곳은 어디입니까?" 꿈에도, 환상 중에도 나타나지 않았다. 그러나 개척에 대한 열정은 조금도 사라지지 않아 일년간 수도권을 목표로 의정부, 안산, 군포, 수원, 성남, 발암, 남양주까지 백방으로 뛰었으나 길은 열리지 않았다. 교회를 먼저 개척한 선배 목사님들을 만나 자문을 구하기도 하였다. "김전도사 돈이 얼마나 있소? 교회개척이 천지창조보다 어렵다는 사실을 모르시오?" (천지창조는 하나님의 능력으로 하시니 쉽고, 개척은 사람을 통해 하시니 어렵다는 뜻일 것이다) 만날 때마다 뒤가 개운치 않았다. 하나님이 역사하시면 되는 것이지 왜 돈 타령인가? 그러나 개척교회 실태조사에서 많은 교회가 재정문제로 어려움을 당하고 문을 닫기도 한다는 사실을 뒤늦게 알았다.

그 후 고속버스 안에서 서울 모교회 집사님을 만나게 되었는데, 교회개척지를 물색하고 있다는 나의 말을 듣고 기도하겠다는 말을 남기고 헤어졌다. 얼마 후에 전남 여천군 율촌공단지역에 땅을 사둔 것이 있는데 필요한만큼 기증하겠다는 연락을 받았다. 두 번이나 현장을 확인하고 700만평의 제2현대타운의 청사진을 보고 배후도시가 생기면 교회를 개척할 수 있다는 생각으로 꿈에 부풀어 있었다.

그러나 시간이 흐르면서 개발계획이 변경되고 지연되어서 포기할 수밖에 없었다. 10년이 지난 지금까지 개발되지 않고 있다. 이때 미포교회 당회로부터 개척지원을 약속받게 되었다. 월 100만원씩 3년 돕는다는 약속이었다. 미포교회 당회에서 결의되기 전 한번 당회에서 나를 부른 적이 있었다. 개척하는데 든든한 후원자가 있느냐고 물어보는 것이었다. 그 때 든든한 후원자가 있다고 했더니 누구냐고 묻기에 우리 아버지라고 했더니 크게 실망하는 눈치였다. 사실 그때까지만 해도 누구하나 돕는 자가 없었다. 다만 든든한 후원자인 하나님밖에 의지할 데 없었다.

왕성교회 설립감사예배

왕성교회 개척초기 성도들과 함께

개척초기 첫 유아세례식

개척초기 여름성경학교

2.
몇 명이나 모입니까?

"그러나 저희의 다수를 하나님이 기뻐하지 아니하신고로 저희
가 광야에서 멸망을 받았느니라"　　　　　　(고린도전서10:5)

　　개척을 마음에 소원하면서 더 구체적으로 기도한 것은 "땅을 주
옵소서! 교회가 설 수 있는 땅을 주옵소서!' 밤낮 부르짖는 기도는
땅, 땅, 땅을 주옵소서!였다. 나중에는 한평이라도 좋으니 땅을 주
옵소서하고 기도하게 되었는데, 울산광역시 북구(그 당시는 울산
시 울주군 농소면 신천리 310번지였다) 개발지역에 땅을 허락하셨
다. 그 땅은 76평. 브로크에 스레트지붕의 허술한 건물이었는데,
건물대장을 확인해보니 무허가 불법건물이었다. 합동측 목사님이
이 집을 개조하여 전세로 예배실과 사택을 만들고 개척을 했는데,
40~50명이 모이고 있었다.
　　그런데 땅주인이 정육점을 개업하려고 땅을 급히 처분하려고
했으나 교회가 있던 자리라 원매자가 없던 차에 그 땅을 소개받게
되었다. 마침 그 교회 목사님과 교우들은 땅이 좁아서인지 그 땅을
살 의사가 없다고 하였다. 중요한 것은 교회위치선정인데, 금식기

도 중 '여기다! 하는 확신이 왔다. 땅값은 평당 125만원. 9천 500만원으로 한 푼도 없는 나에겐 큰 부담이었다. 그러나 당시는 하나님이 허락하신 땅인 줄 믿고 부산 충무교회에 이행길 장로(친구)에게 500만원을 빌려 계약하게 되었다.

참으로 놀라운 것은 안면도 없는 나에게 땅문서를 줄 터이니 담보로 하여 중도금을 주고 막대금은 은행이자로 계산하여 1년 후에 갚으라는 것이었다. 막대금을 지불하기 전에 땅 주인이 등기이전을 해 주었다. 한 푼도 없이 1억 가까운 땅을 얻게 되었다. 일반거래에서는 있을 수 없는 일이었다. 이 때 많은 성도들이 땅 한평 값으로 헌신하였다. 그 이름들은 주께서 일일이 기억하시고 상금으로 쌓인 줄 믿고 있다.

교회부지는 매입했으나 입주자와 전세계약기간이 1년 남아있어서 다른 장소에서 개척을 시작할 수밖에 없었다. 구입한 교회부지에서 100m정도 떨어진 한양유치원 옥상에 조립식 건물(23평)을 짓게 되었다. 비용절감을 위해 시내 공사장에서 쓰던 조립식 사무실을 사게 되었는데, 해체과정에서 미포교회 이종만 장로님이 추락하여 골절상을 입고 한 달 이상 동강병원에 입원한 적이 있었다. 개척교회를 시작했는데, 왜 이런 어려움이 닥치는 것일까? 그 때는 알 수 없었으나 모든 것이 연단의 과정이었다.

1994년 3월 21일. 하나님의 축복 속에 설립감사예배를 드리게 되었다. 의자도 없이 맨바닥에 헌 카펫을 깔고 예배를 드렸는데, 자리가 비좁도록 많은 성도들이 참석하여 축하해 주었다. 그런데 예배도중 이상한 일이 벌어졌다. 동네회관에서 확성기를 통해 절에서나 들을 수 있는 염불하는 소리가 크게 들려왔다. 동네주민들이 노골적으로 예배를 방해했다. 우리도 통성기도로 맞불을 놓았다. 그 일이 있은 후 동네사람들은 십자가를 세우지 못하도록 했고, 교회간판도 떼어버리고, 교회안내판도 시궁창에 버린 일들이 있었다. 동네회관 바로 앞에 교회가 섰으니 호랑이 굴에 들어간 셈이었다.

1994년 3월 27일. 설립감사예배 후 처음 맞이하는 주일. 저의 가족 셋이서 첫 예배를 드렸다. 감사보다 눈물이 앞섰다. 가족 앞에 눈물을 보이지 않으려고 했으나, 감출수가 없었다. 첫 주일 설교제목은 "이 산지를 내게 주소서"였다.

많은 성도들의 격려전화가 있었다. 그러나 전화할 때마다 몇 명 모이느냐는 것이었다. 사랑과 관심이 있어서 묻는 것이겠지만, 대답하기는 천근같이 무거운 질문이었다. "몇 명이나 모입니까?" 가상 부남뇌는 질문에도 정직하게 대답할 수 있었던 것은 한 영혼, 한 영혼이 얼마나 귀하다는 사실을 깨달았기 때문이다.

3.

영원한 고객은 없다.

"내가 처음 변명할 때에 나와 함께 한 자가 하나도 없고 다 나를 버렸으나 저희에게 허물을 돌리지 않기를 원하노라"
(디모데후서4:16)

교회 바로 옆에 굿모닝 미용실이 있다. 주인도 그동안 많이 바뀌었는데, 주인 왈 「고객도 평생고객이 없다」는 것이다. 조금만 마음에 들지 않으면 고객들은 미용실을 바꾼다는 것이다. 개척 후에 이 미용실 주인의 말이 목회에도 맞다는 생각이 들었다. 교회에 등록하고 정착하여 일꾼으로 봉사하는 숫자가 많지 않다. 모내기철이 되면 황새가 날아와서 두 다리를 한꺼번에 내려놓지 않고 두리번거린다. 먹을 것이 있나 없나 확인한 후에 떠나든지 두 다리를 내리든지 한다.

설립감사예배를 드린 후 둘째 주 예배에 어린아이 셋이 왔다. 한 영혼이 얼마나 귀한지 그들을 안고 울었다. 한 생명이 천하보다 귀하다는 것은 개척교회에서만 맛보는 감격일 것이다. 셋째 주에는 멀리 경주에서 할머니 한 분이 오셨다. 미국에 갔다가 기후에 적응이 되지 않아 귀국하셨다. 전에 섬기던 미포교회에서 늘 기도

해주시던 김학순 집사님. 그 먼 거리를 마다하고 몇 년 동안이나 꾸준히 출석하시고 기도해 주셔서 큰 힘이 되었다.

주민 방해로 십자가도 없고 교회 간판도 없는 교회에 그래도 하나님은 필요한 일꾼들을 보내주셨다. 지금 생각하면 그래도 개척 초기에 협력했던 성도들이 기억에 새롭다. 김근우 집사가정, 박기홍 집사가정이다. 어려운 시기에 교회 재정을 맡아 잘 감당해 주었다. 특히 은행에 근무하던 장연자 집사님은 그때 만해도 흔치 않았던 마이너스 통장제도를 활용하여 교회재정을 탄력적으로 운영할 수 있게 해 주었다.

사람이 그리웠던 시절. 바울이 디도의 옴으로 위로를 받았듯이 가끔 방문하는 성도들을 통하여 격려하시고 위로 받게 하셨다. 미포교회 여전도회에서 자주 도와주었고 또 알지 못하던 전도팀을 붙여주시고 매주 동역하게 하셨다. 복음소식지(교차로크기)를 전도용으로 만들어 열심히 배포했는데, 전도팀 5명은 매주 정한 시간에 찾아와 협력해 주었고 식사비도 부담해 주어서 큰 힘이 되었다. "우리가 선을 행하되 낙심하지 말찌니 피곤하지 아니하면 때가 이르매 거두리라"(갈라디아서6:9) 말씀을 통해 성령의 위로를 깊이 체험할 수 있었다.

개발지역이라 아파트는 많았지만, 기독교인들은 교패를 기준하여 100세대 중 5세대도 되지 않았다. "이 성중에 나의 택한 백성들이 많이 있느니라" "구원받기로 작정된 자는 다 믿더라"는 말씀을 믿고 조금씩 접근해 갔다. 교인들이 등록하고 정착하는 데는 여러 가지 요인이 있겠으나, 교회환경도 중요했다. 한양유치원 옥상에 조립식 건물을 임시로 짓다보니 신발을 두 번 벗고 예배실에 들어

가는 불편함이 있었다. 한국교회사를 살펴보면서 천막치고 십자가를 세우고 개척하던 시대를 생각하면 그래도 감사한 일이요, 우리도 언젠가는 주님보시기에 아름다운 교회당을 헌당하리라 소망하며 자고 깨는 중에 주님의 교회는 조금씩 자라가고 있었다.

4.

첫번째 건축 -은혜로운 건축

"너희는 오늘부터 이전을 추억하여 보라 구월 이십사일 곧 여호와의 전 지대를 쌓던 날부터 추억하여 보라 곡식 종자가 오히려 창고에 있느냐 포도나무, 무화과나무, 석류나무, 감람나무에 열매가 맺지 못하였었느니라 그러나 오늘부터는 내가 너희에게 복을 주리라" (학개2:18~19)

    예로부터 나라를 다스리는 근본은 치산치수(治山治水)에 달려 있다고 했다. 오늘날도 그 근본원리는 달라진 것이 없고, 그 이름이 경제문제, 환경문제로 바뀌었을 뿐이다.
    고대 중국 요 임금은 자주 범람하는 황하강의 치수사업을 곤이라는 사람에게 맡겼다. 9년간의 노력에도 불구하고 실패하므로 그 죄를 물어 곤의 다리를 절단하는 중벌을 내렸다. 요 임금 후에 순 임금이 즉위하여 우(禹)라는 인물에게 황하의 치수사업을 맡겼다. 그는 곤의 아들이었고, 부자이대(父子二大)에 걸쳐 치수사업을 하게 되었는데 그는 아버지와 달리 물의 흐름을 막는 것이 아니라 물의 흐름을 끌어들이기도 하고 잘 통과하게도 하여 13년 동안 치수사업에 매달려 마침내 황하의 범람을 막고 9주(州)를 개척하여 큰

공을 세우고 순 임금의 뒤를 이어 우 임금이 되었다. 막힌 마음을 뚫어주고 메마른 마음에 생수의 강을 끌어들이는 일이야말로 삶의 치산치수 곧 목회라고 본다.

교회건축은 교회성장의 활로를 터주고 교회환경을 새롭게 하는 성장의 동력(動力)임에 틀림없다. 하나님께서 9500만원의 땅을 한 푼 없이 허락하셨고, 얼마있지 아니하여 건축할 마음을 주셔서 1995년 1월초부터 교회건축을 시작하게 되었다. 건축비가 한 푼도 없는 중에 근린생활시설로 건평 120평, 3층 건물(40평×3)로 설계하고 일을 시작하였다. 한층은 교회 예배당으로 사용하고 나머지 두층은 임대하기로 했는데, 2층과 3층은 학원으로 믿는 성도와 계약을 하게 되었다.

골조공사를 끝내고 임대한다는 현수막을 걸었는데, 몇 일안에 계약이 이루어졌다. 공사기간은 3개월 소요되었는데 계약금과 중도금, 막대금을 통해 (임대료) 인건비와 자제비를 제 때에 지불할 수 있었다. 1억 2천만원의 공사비를 착오없이 지불할 수 있었고, 공사 중 안전하게 지켜주셨다. 무엇보다 교회성도들이 시험에 들지 않고 믿음으로 잘 감당해 주었다.

집 한 채를 짓고 나면 10년 빨리 늙는다는 말이 있다. 이 말은 건축하는 것이 무척 힘들다는 뜻이다. 1995년 1월 설계비가 전국적으로 일제히 100% 인상되기도 했다. 그 때 설계, 감리, 준공검사까지 설계한 곳에서 책임지는 제도였다. 주님의 말씀대로(마 7:21~27) 지혜로운 건축자가 누구인가? 하나님의 설계대로 짓는 자이다. 누가 어떻게 설계하느냐에 따라 건물이 살기도 하고, 죽기도 하며, 쓸모 있는 집이 되기도 하고, 형편없는 집이 되기도 한다.

설계비 아끼려고 하지 말고, 교회건축설계는 검증된 설계사에게 맡기는 것이 좋다. 그리고 지혜로운 건축자는 하나님이 주신 설계도(성경)를 가지고 정확하게, 성실하게 시공해야 훌륭한 집이 될 수 있다. 철근자재만 해도 KS마크 정품인지, 3등품인지 처음 건축하는 사람은 구분하기 어렵다.

그리고 집은 준공검사를 받아야 사람이 살 수 있다. 간혹 우리 주위에는 준공검사를 받지 못하고 그대로 방치된 흉물스런 건물을 보게 된다. 우리 인생도 평생을 수고하고도 준공검사가 나오지 않아 부실공사로 마칠 수도 있다. 지혜로운 건축자가 지은 집은 창수가 나고 바람이 그 집에 부딪쳐도 흔들리지 않고 무너지지 않는다고 말씀하셨다. 기공예배 때 함께 나누었던 주님의 말씀이었다.

개척초기 교회모습

세례식

중·고등부 친구초청잔치

5.

두번째 건축
-8개월동안 화이바를 쓰고 설교한 사연

"이는 힘으로도 되지 아니하며 능으로 되지 아니하고 오직 나의 신(神)으로 되느니라" (스가랴4:6下)

나는 모자에 얽힌 사연이 있다. 중학교를 졸업하고 고등학교에 갈 형편이 못되어 한 해를 쉬게 되었는데, 그 때 고등학교 다니는 친구들을 너무너무 부러워했던 적이 있다. 중학교를 졸업하던 날 240명 중 몇 명이 상을 타게 되었는데, 다른 친구들은 부상으로 영어 콘사이스사전과 국어 큰사전을 받았는데 나는 진학을 못한다고 삽과 괭이를 부상으로 받은 적이 있다. 그 상은 평생을 두고 마음에 상처가 되었다. 그 다음해에 고등학교를 가게 되어 모자를 쓰던 그 감격은 지금도 잊지 못한다. 그 후 독일에 광부로 가게 되어 3년간 화이바(작업모)를 쓰고 일한 적이 있었다. 2000년도 교회 표어가 「신바람나는 해」였다. 교회 앞 땅을 갑자기 붙여 주셨는데 몇 달이 지나도록 신바람은 불지 않았다.

교회건축! 얼마나 신바람나는 일인가? 눈을 떠도 건축, 눈을 감아도 건축, 밥을 먹을 때도 건축, 길을 갈 때에도 건축, 꿈을 꿀 때도 건축에 대한 꿈을 꾸게 되었다. 일생에 한번 있을까 말까하는 축복의 기회! "9월 24일, 여호와의 전 지대를 쌓던 그 날부터 복을 주리라"(학개2:18-19) 성전 건축을 독려하시던 말씀이다. 그러나 교회분위기는 처음부터 무거웠다. 교회 앞 부지 구입은 90%이상 찬성하였지만, 교회증축은 부담을 가지는 것 같았다. 목회자이기 때문에 의무감으로 일년에 한두번 읽었던 학개서와 스가랴서가 건축을 앞둔 시점에서는 구구절절이 축복의 말씀으로 다가왔다. 그러나 이 축복의 말씀이 성도들에게는 무거운 짐이 되었던 것 같다. 교회건축은 목회자에게나 교인들에게 짐이 되는 것은 사실이지만 다윗에게도 허락지 아니한 성전건축을 허락하셨다면 감사하고 기뻐해야 할 일이 아닌가? 성전건축은 하나님이 심히 기뻐하시는 일이요, 하나님이 영광을 받으신다는 것을 성경을 통해 확신을 주셨다. 그렇다면 반대가 있더라도 이 역사를 감당하리라 각오하고 건축이 끝나던 날까지 화이바를 쓰고 설교를 했다. 보이지 않는 돌멩이가 날아와도 요동하지 않겠다는 각오였다.

건축하는 것을 전제로 부흥성회를 열었다. 당회에서 헌금작정이 적으면 건축을 할 수 없다는 한 장로님의 의견도 있었으나 예상보다 많이 작정되었고, 그 후 세군데 건축업자로부터 견적서를 받게 되었는데 2억 3천만원에서 2억 6천만원 견적에 작정된 금액이 2억 4천 80만원이었으니 하나님께서 맞추어주신 금액이었다. 많은 성도들이 어려운 중에서도 믿음으로 작정했고 기쁨으로 동참했다. 그리고 12명의 건축위원을 중직자(장로, 안수집사) 중심으로 구성했다. 거룩한 이 역사가 그들에게 위임된 셈이었다.

교회건축은 사람의 힘으로는 감당할 수 없는 일이 아닌가? 그래서 먼저 한 일이 24시간 릴레이 기도였다. 자기가 원하는 시간에 교회에 와서 기도하고 작정기도시간표에 표시하도록 게시했는데 동참하는 비율은 저조했다. 담임목사인 나로서는 성도들이 가장 힘든 시간대인 밤 12시부터 새벽 5시까지 했다. 생업을 가지고 피곤하게 살아가는 성도들이 기도하기 어려운 시간을 생각하고 배려했다. 사실 그 시간이 힘들었고, 나중에는 얼굴이 붓기까지 했다. 그러던 중 특별한 체험을 하게 되었는데, 성경을 읽다가 "내 눈과 내 마음이 항상 이 전에 있으리니"(왕상9:3)라는 말씀이 영화 스크린에 비추듯 크게 확대되어 다가오는 것이었다. 이 말씀은 건축이 끝나는 날까지 큰 힘이 되었고, 입당감사예배를 드린 후에도 교회 앞에 크게 써서 붙여 놓기도 했다.

새벽시간에는 학개서와 스가랴서를 통해 주시는 교훈으로 건축을 독려했다. 이스라엘 백성들이 바벨론 포로에서 돌아오게 된 것은 하나님의 특별하신 은혜인데 처음에는 돌아온 감격으로 성전건축을 시작했으나 주변의 반대에 부딪치자 마음이 약해져 공사를 중단하고 말았다. 그래서 하나님께서 학개 선지자를 통해 책망하신 내용이 전반에 기록되어 있다. 백성들은 「여호와의 전 건축할 시기가 이르지 아니하였다」고 하였다.

마찬가지로 많은 성도들이 하나님의 일을 하다가 어려움이 생기면 「시기상조」라고 한다. 아직 때가 이르고 일손도 부족하고 능력이 되지 않는다고 한다. 부지매입은 이해되지만 건축은 무리라고 생각하는 이들이 있었다. 학개 1장 4절에 "이 전이 황무하였거

늘 너희가 이 때에 판벽한 집에 거하는 것이 가하냐"는 말씀이 있다. 성전에 대한 관심은 없고, 자기 집 장식하는데 우선순위를 두었다는 말씀이다.

    그 때 형편은 어려웠지만, 교회를 증축하지 않으면 성장에 한계를 느끼던 시점이었다. 교회성장학에도 빈자리가 다 채워지기 전에 예배공간을 확보해야 한다는 것인데, 주일학교 학생들을 다 수용할 수 없어서 사택을 전부 개방했고, 두반은 복도에서 성경공부를 할 정도였다. IMF를 겪고 난 후에는 건축업자들도 공사비를 제 때 주지 않으면, 그 날로 공사가 중단되는 것이었다. 건축할 때 "돈이 짓는다"는 말이 실감났다. 어떤 성도는 반지와 목걸이도 바쳤다. 신지호 형제는 해병대에 입대했는데 특수훈련 중 생명수당으로 받은 것을 건축헌금으로 드리기도 했다. 가장 가슴 아팠던 사실은 목사가 건축헌금 많이 하지 않았다는 소문이었다. 누가 목사의 경제사정을 알겠는가? 특별사례비도 내놓고 사례비도 내놓아야 한다는 것이었다. 기초공사를 하고 3개월 쉬고 H빔 골조공사를 끝내고 쉬면서 3개월이면 끝낼 공사가 8개월이나 소요되었다. 성전건축은 사람을 통해서 하시지만 성전건축 자체가 사람의 일이 아니라는 사실이다. 2000년 7월 10일에 건축허가가 나왔고, 9월말이나 10월이면 완공될 줄 알았으나, 시험에 들어 무려 8개월이나 걸려 다음해인 2001년 3월 25일에 입당예배를 드리게 되었다.

    "전을 건축하라 그리하면 내가 그로 인하여 기뻐하고 또 영광을 얻으리라 나 여호와가 말하였느니라"(학개1:8下)

교회증축 전 모습

교회증축 입당감사예배

6.

탈진한 목사 –죽고 싶습니다.

"로뎀나무 아래 앉아서 죽기를 구하며 가로되 여호와여 넉넉
하오니 지금 내 생명을 취하옵소서 나는 내 열조보다 낫지 못하니
이다 하고" (열왕기상19:4)

사람이 살다보면 성공을 경험하기도 하고 실패를 경험하기도 한다. 그런데 세상인심은 냉정하다. 과거에 실패한 사람이나 큰 실수를 한 사람을 다시 쓰지 않는다. 회사에 큰 손해를 끼친 사람에게 다시 중요한 일을 맡기지 않는 법이다.

그런데 하나님은 과거에 실패한 자도 다시 쓰시고 낙심하여 주저앉아 있는 자에게도 더 큰 일을 맡기시는 분이시다. 엘리야도 한 때 승리의 영광을 맛본 사람인데 아합의 아내 이세벨의 공갈 한마디에 광야로 도망하여 로뎀나무 아래서 죽기를 구하는 것을 보게 된다.

교회 건축하는 과정에서 있었던 마음고생을 어찌 글로 다 표현할 수 있으랴! 우리 주님이 다 아시므로 무덤까지 가지고 가겠지만, 교회교육 측면에서 성도들이 꼭 알아야 할 것만 언급하고자 한다. 사람이 시험에 들면 전혀 다른 사람으로 변하는 것이었다. 처

음에는 왜 이럴까? 이럴 수가 있나? 하고 그 사람을 미워했는데, 종이 미련하고 둔하여 뒤늦게 깨달은 것이지만 그 사람이 아니라 그 사람 배후에서 역사하는 악한 영이 그 사람을 움직이는 것이었다.

장로나 장립집사는 목회자를 도와 협력해야 할 위치이다. 임직 받을 때 하나님과 교회 앞에 약속한다. 그래서 교회에서는 중직자의 처신이 교회에 미치는 영향은 대단히 크다고 본다. 말 한마디, 행동 하나 하나가 성도들에게 직접적으로 영향을 미친다. 교회 건축이라는 큰일을 진행하면서 협력하는 편에 서지 않고 사사건건 반대편에 서서 힘들게 했다. 건축위원으로 임명할 때는 위임한다는 의미가 있다. 건축비가 제 때에 충당되지 않아 자주 모임을 가지곤 했다. 돈 얘기만 나오면 머리를 숙이고 말이 없었다. 나중에는 목사님이 건축을 해 보라, 감당하는지 지켜보겠다는 정도까지 갔다. 목사가 돈 얘기하지 않고 차고 나가면 얼마나 좋겠는가? 하도 답답하여 한번은 서울에 돈을 구하러 갔다. 세 사람은 마음에 두고 갔는데, 처음 만난 사람이 거절했다.

그날 밤 잠을 이루지 못하고 고심하고 있는데 문득 이런 생각이 들었다. 내게 교회 건축할 수 있는 기회가 또 있을까? 다시 오지 않는다면 성도들에게도 복 받을 기회가 다시 오지 않는다는 생각에 미치게 되었다. 그래서 다음날 다른 사람 만나기를 포기하고 돌아왔다. 지금은 힘들지만 우리교회 성도들이 감당하여 그 복을 받아야 한다는 생각을 굳혔다. 하나님의 간섭이었다. 어려울 때마다 하나님은 사람을 통해 힘을 주셨다. 신관식 집사는 기초 작업하는데 3천만원을 융통해 주었고, 수원으로 이사 간 전경목 집사가정에서 3천만원, 윤대봉 집사가정에서 3천만원, 그리고 타교회 집사(한양유치원)가 3천만원해서 1억 2천으로 어려운 고비를 넘겼다.

그리고 공사가 마무리 되어갈 무렵 또 한번 공사대금으로 큰 어려움에 봉착했는데 이게 웬일인가? 은행법이 바뀌어 교회건물이 담보물로 인정되어 융통할 수 있게 된 것이다. 그 이전까지만 해도 문중재산이나 사찰, 교회 건물은 담보물 설정에서 제외되었었다. 알고 보니 IMF이후 은행에서 중소기업에 돈을 빌려주고 갚지 못하여 은행부실의 큰 원인이 되었는데, 교회는 100교회를 빌려주면 1~2교회를 제외하고는 갚는다는 얘기였다. 누가 뭐라고 해도 나는 은행법이 그 때 바뀐 것은 우리교회 건축을 마무리하기 위해 바뀐 기적적인 사건으로 믿고 있다.

어떤 장로는 교회를 완공할 무렵, 교회를 완공하겠지만 그 많은 빚을 감당 못하고 무너진다는 것이었다. 주님의 교회가 돈 때문에 무너진 일은 역사상 없을 것이다. 교회가 건축 때문에 경매에 들어가고 문을 닫았다면 돈 때문이 아니라 그 교회에 속한 성도들의 믿음과 헌신의 부족 때문이라 생각한다. 사실 돈 때문에 죽고 싶었던 것이 아니라 당연히 도와 협력해야 할 교회 직분자들이 건축이 완공될 때까지도 힘들게 했던 점이다. 그러나 지금 돌이켜보면 그렇게 한 것이 그들의 본심은 아니라는 점이다.

"내가 이 반석 위에 내 교회를 세우리니 음부의 권세가 이기지 못하리라" (마태복음16:18)

7.
승리의 행진곡

"우리는 뒤로 물러가 침륜에 빠질 자가 아니요 오직 영혼을 구원함에 이르는 믿음을 가진 자니라" (히브리서10:39)

▷ 기독교보 신문(1998.6.6) : 목회 현장이야기 "개척교회"

요즘 개척교회 세우기가 천지창조보다 어렵다는 말이 있다. 천지창조야 하나님이 능력의 말씀으로 하셨지만, 인간이야 무슨 힘이 있는가? 나의 체험을 통해 전적으로 동감하는 말이다. 「돈 없으면 개척교회 꿈도 꾸지마소」하는 주위의 충고와 만류에도 불구하고 아버지 빽 믿고 시작했는데 교회가 설립 된지도 (1994.3.21설립) 4년이 되었다. 지난날을 돌이켜보니 모든 것이 하나님의 은혜라 어제 흘러간 물은 오늘의 물레방아를 돌릴 수 없는 법인데 목회자의 고민은 주님의 교회를 앞으로 어떤 방향으로 섬길 것인가? 하는 문제이다. 답답한 가슴을 안고 몸부림칠 때 세미하게 들려오는 행진곡 소리가 있다. 하나님의 승리로 가득 찬 여호수아서를 읽다가 결론을 얻었다. 정면 돌파하는 것이라고. 사람들은 장애물을 만

나면 그 앞에 주저앉고 낙심하거나 문제를 회피하고 비켜가거나 아니면 정면으로 도전하여 문제를 풀어가는 세 가지 타입이 있다고 생각한다. 돌이켜보니 참으로 어려운 일들이 많았다. 설립예배 드리던 날, 동네 회관에서 확성기를 통해 염불방송을 크게 틀어놓고 노골적으로 방해하던 일, 십자가를 일년 가까이 못 세우게 하고 교회 안내표시판까지 뽑아 시궁창에 내던지던 일, 주님은 눈물도 많이 흘리게 하시더니 위로도 넘치게 하셨다. 땅! 땅! 땅을 주세요 밤낮 노래를 불렀더니 76평(일억상당)을 주시고 자나 깨나 예배당을 소원했더니 17평 조립식 건물에서 120평 3층 건물로 이사하게 해 주셨다. 이제는 모양새(주일학교, SFC, 청년회, 남전도회, 제1,2여전도회, 시온성가대, 8구역)를 갖추었다. 개척 멤버 없이 세 식구로 출발했으나 지금은 주일학교를 포함하여 200명의 가족으로 성장했고 제직이 40명에 이른다. 올해 인도에 단독으로 예배당을 완공하고 7월에는 개척설립예배를 드리게 된다. 10월에는 피택된 성도들(피택장로 2명, 피택집사 1명, 피택권사 1명) 장립, 임직식이 예정되어 있다. 외적인 성장보다 주님 앞에 섰을 때의 모습은 어떠할까? 누가 중간결산을 할 수 있으랴? 주인이 돌아오셔야 결산을 할 것이 아닌가? 지상의 교회는 전투적인 교회라 했다. 안팎으로 다가오는 시련 속에 주님만이 아시는 목회자의 눈물과 고독이 여기에 있다. 오늘 여기까지 도우신 하나님은 지금도 임마누엘의 하나님이요, 내일도 여호와 이레 되심을 믿고 찬양드릴 뿐이다. 정면돌파의 믿음으로 나아가면 지금도 요단강은 갈라지고, 지금도 여리고는 무너진다고 확신한다. -김영철 목사(울산왕성교회)

8.
성장의 동력(1) –말씀

"우리는 수다(數多)한 사람과 같이 하나님의 말씀을 혼잡하게 하지 아니하고 곧 순전함으로 하나님께 받은 것 같이 하나님 앞에 서와 그리스도 안에서 말하노라" (고린도후서2:17)

목사들 때문에 예수도 믿지 못하겠고 교회도 나가기 싫다는 사람들이 의외로 많다. 그 이유는 참으로 다양하다. 그 중 가장 대표적인 것은 설교가 은혜가 되지 않는다는 것. 깊이도 없는 말씀이 왜 그렇게 긴지 모르겠다는 불만이 많다. 얼마 전 기독교보에 어느 목사님은 설교 무용론(?)까지 언급한 적이 있는데 설교를 많이 들어도 도무지 변화되지 않는 점에 안타까운 심정을 토로한 줄로 생각된다.

나도 십년동안 많은 설교를 했지만, 변화되지 않는 묵은 신자들로 인하여 갈등을 했던 적이 있다. 그러면서도 교회성장의 동력은 역시 설교라고 믿는다. 설교도 강단에서 외치는 설교만이 아니라 인격과 삶을 통한 설교이어야 하는데, 모든 면으로 부족한 나는 처음부터 설교시간만은 짧게 하고 예배시간을 한시간 넘기지 않는다는 원칙을 고수해 왔다. 한번 설문지를 통해 많은 성도들이 "설교가 짧아서 좋다"는 반응이었다. 사실 성도들의 구미에 맞추기보다 하나님의 눈치를 살펴야 하는데, 비록 짧은 설교지만 영성이 뒷받침되어야 하고 그 영성의 기초는 예수 그리스도임을 잊지 않으려고 노력해 왔다.

처음 몇 년은 남의 설교를 많이 도용했고, 때로는 짜깁기도 하여 설교하다 보니 양심에 고통이 되었다. 그러다가 몇 년이 지나자 조금씩 내 설교로 자리 잡게 되었다. 주일 낮 설교는 절기를 빼고는 시사설교로 그 때 그 때 필요한 메시지를 전했고, 저녁설교는 강해설교로, 수요일은 주제설교나 인물설교에 초점을 맞추었다. 새벽기도시간에는 주로 성경을 한절 한절 연이어 강해하는 식으로 했었다. 주일 낮 설교는 주초에 본문을 정하고 자료들을 취합하여 주중에 계속 묵상하다 보니 8년쯤 되었을 때는 중요한 대목을 메모하여 설교했고, 요즘은 원고 없이 설교하게 되었다. 원고에 매달리다 보니 성도와 커뮤니케이션이 잘 되지 않았다.

목사는 3가지(설교준비, 떠날 준비, 죽을 준비)를 항상 준비하고 있어야 한다고 했는데, 이번에 갑작스런 사면으로 떠날 준비를 하고 살아야함을 절감하게 되었다. 그러나 주님이 허락하시는 그 시간까지는 말씀을 전해야 하고 말씀을 전하기 위해서는 항상 준비되어 있어야 함을 또 한번 체험하게 되었다.

고된 사역 가운데 그래도 감사한 것은 초신자들이 말씀을 통하여 변화 받고 성장해가는 모습이 보람이다. 무엇이 사람을 저렇게 변화시킬 수 있단 말인가? 그래서 마르지 않는 말씀의 샘물을 구하러 성경 속을 헤맨다. "깊은 산 속 옹달샘 누가 와서 먹나요? 새벽에 토끼가 눈 비비고 일어나 세수하러 왔다가 물만 먹고 가지요"

오염되지 않은 영성을 소유할 때 들어줄 만한 설교가 되지 않을까? 홍수 때에 물이 귀하다는 말이 있는데 지금이 바로 그 때라고 본다. "양식이 없어 주림이 아니며 물이 없어 갈함이 아니요 여호와의 말씀을 듣지 못한 기갈이라" (아모스8:11下)

9.

성장의 동력(2) -기도와 전도

"내 집은 만민의 기도하는 집이라" (이사야56:7)

해마다 표어를 보면 개척교회가 무엇을 지향했는지를 짐작할 수 있다. 1994년부터 2004년까지 10년 동안의 표어를 살펴보면 다음과 같다.

1994년 표어-푯대를 향해 나아가자 (빌3:14)
1995년 표어-왕성하게 성장하는 교회 (행6:7)
1996년 표어-총력전도 (행20:24)
1997년 표어-수년 내에 부흥케 하옵소서 (합3:2)
1998년 표어-오직 예수 (막9:8)
1999년 표어-갑절로 부흥하는 해 (행17:10~15)
2000년 표어-신바람 나는 2000년 (슥4:6)
2001년 표어-지역복음화를 위한 섬김의 해 (눅10:37)
2002년 표어-성령충만 ? 총력전도 (행5:42)
2003년 표어-기도로 부흥하는 해 (행1:14)
2004년 표어-교회가 베풀면 사회가 밝아진다 (마5:13~16)

교회표어를 「성령충만, 총력전도」로 정하고 기도하며 전도에 힘을 모은 적이 있었다. 나는 연초 전도모임에서 전도대원들에게 이런 질문을 했다. "여기 평생 먹고 살 수 있는 돈과 또 하나 평생 먹고 살 수 있는 일감이 있다면 둘 중에 어느 것을 택하겠습니까?" 복음을 전하는 자는 복음으로 살리라 했으니 전도는 우리의 삶을 보장하는 큰 일감이 아닌가?

징기스칸의 순수 몽골 군사는 언제나 10만을 넘지 않았으나 8,000만이 넘는 당시 중국과 6,000만이 넘는 오스만투르크 제국을 정복했다. 금나라 100만 대군과 싸울 때도 오직 적군의 왕이 있는 곳을 송곳처럼 찌르고 들어갔다. 징기스칸 군대의 승리비결은 힘을 오직 한 곳으로 집중하는 송곳작전이었다. 성령으로 충만하면 마음이 하나 되고 그 힘으로 그 지역을 덮고 있는 악한 영의 진을 파하면 복음의 영광이 드러나고 그 지역사회에 영향력을 미치는 건강한 교회가 될 것이다.

사람이 음식 안 먹고 40일 버틸 수 있고, 사람이 물을 안 마시고는 일주일을 버틸 수 있지만, 사람이 호흡을 하지 않고는 단 몇 분도 살지 못하지 않는가? 호흡이 끊어지면 생명이 끊어지듯 기도의 줄이 끊어지면 신앙의 탄력을 잃고 무력해질 수밖에 없다. 기도와 전도는 교회성장의 또 하나의 동력이었음을 목회하면서 뒤늦게 깨닫게 되었다.

매일 잠자리에서 일어나는 시간은 새벽 3시 30분. 이제 십년 넘게 내 몸을 지탱해 준 생활리듬이다. 일찍 자고 새벽에 일찍 일어나는 것이 건강에 좋고 영성에도 큰 도움을 주고 있다. 목사가 가끔 늦잠을 자고 새벽기도에 빠져야 은혜가 된다는 말까지 있다. 새벽 잠 꿀맛인 것 누가 모르겠는가? 10년에 두 번 자명종 소리를 듣지 못했는데 성도들이 깨우는 소리에 일어난 적이 있다.

"하나님이여 내 마음이 확정되었고 내 마음이 확정되었사오니 내가 노래하고 내가 찬송하리이다 내 영광아 깰지어다 비파야 수금아 깰지어다 내가 새벽을 깨우리로다" (시57:7~8)

갑절로 부흥하는 해 예배모습

신바람나는 2000년

10.

성장의 동력(3) -일군 세우기

"내가 교회의 일군된 것은 하나님이 너희를 위하여 내게 주신 경륜을 따라 하나님의 말씀을 이루려 함이니라" (골로새서1:25)

군대에서는 사병 10명을 훈련시키는 것보다 책임 있는 지휘관 1명을 훈련하는 일에 더 많은 투자를 한다. 전투기 한대를 만드는 데는 오랜 시간이 걸리지 않지만 그 전투기를 운전하는 전투기 조종사를 길러내는 데는 10년이 걸린다고 한다. 개척교회가 성장하는 데는 역시 사람이다. 특히 일군을 세우는 일만큼 중요한 일이 없다고 본다.

일반적으로 세상 지도자들은 배경이 좋고 학력과 재력을 갖추고 실력도, 웅변력도, 설득력도 갖추면 빨리 출세한다. 선출과정도 다수결의 원칙에 의해 뽑고 자신과 그 다수가 원하는 목표달성을 위해 나아갈 때 지도자가 영광을 받고, 그 지위를 떠나면 하루아침에 힘을 잃고 만다. 권력이 있을 때는 하늘을 찌를 듯 떵떵거리다가 어느 날 갑자기 역적으로 몰리는 경우도 있다. 그러나 교회가 요구하는 지도자는 배경도, 높은 학력도 요구하지 않는다. 재산이 없어도, 웅변력이 없어도 된다. 그리고 다수의 의견에 따라 움직이는 사람이 아니라 하나님의 말씀을 따라 움직이는 사람이다. 자기 영광을 구하지 않고 하나님의 영광을 구하는 사람이다. 세상에서 주(主)를 위하여 한 모든 수고는 헛되지 않아 주님의 나라에서 영원한 상급을 받게 된다고 약속하고 있다.

다만 교회일군에게 필요한 몇 가지를 정리하면 먼저 영적자질 중 겸손이다. 바울은 주를 만나기전 자존심이 강한 자요, 자랑할 것이 많은 자요, 종교적인 골수분자였는데 다메섹 도상에서 주를 만나고 변화되어 자신의 약한 것을 자랑했고, 성도 중에 작은 자요, 사도 중에 지극히 작은 자라고 고백했다. 나의 18번 찬송은 찬송가 378장이다. "천하고 무능한 나에게도 귀중한 직분을 맡기셨다. 그 은혜 고맙고 고마워라 이 생명 바쳐서 충성하리"

그리고 교회일군에게 필요한 영적자질은 눈물이다. 하나님의 일에 대한 간절함과 진지함과 신실함이 눈물로 나타난다고 본다. 개척교회를 섬기면서 사람으로 인하여 눈물을 많이 흘렸다. 교회 일이 목사의 일이 아니잖는가? 주님의 일을 감당하면서 어찌 눈물을 흘리지 않을 수 있겠는가?

또한 교회일군에게 필요한 영적자질은 오래참음이다. 마라톤 코스 42.195km는 사람이 뛸 수 있는 한계점이라고 한다. 결승점까지 골인하는 것도 주께서 붙들어주지 아니하시면 불가능하다. 지상에서 가장 말이 많은 곳이 교회요, 아니 땐 굴뚝에 연기 나는 곳이 교회라고 볼 수 있다.

그리고 교회일군에게 필요한 영적자질 중 가장 중요한 것은 사명감이라고 본다. 주의 일을 기쁨으로 감당할 수 있는 것도 사명감이요, 주의 일을 능력있게 감당할 수 있는 것도 사명감이요, 어려움을 극복할 수 있는 것도 사명감이다. 한번은 사명확인서를 받아 본 적이 있는데, 자기 사명을 바로 알고 그 사명을 위해 각오를 가진 자들을 보기 어려웠다. 특히 교회의 많은 직분자들이 설문지에 응답하지 않았다.

　나라가 어려울 때 충신이 필요하고, 가정이 어려울 때 현모양처가 필요하며, 교회가 어려울 때 충성된 일군이 필요하다. 건물을 짓기 위해서는 건축자가 필요하듯이 하나님의 일을 하기 위해서는 하나님께서 시대 시대마다 필요한 일군들을 부르시고 세우시는데 마지막 추수 때는 일군이 더 필요한 때라고 본다. 문제는 추수할 것은 많은데 추수할 일군들이 적다는 것이다. 어디를 가나 사람은 넘치지만 주께 쓰임 받을만한 영적자질을 가진 자가 많지 않다는 것이 목회자의 고민이다.

임직감사예배

교우들과 함께 야유회

11.

숨은 일군들

"기드온과 그 좇은 자 삼백명이 요단에 이르러 건너고 비록 피곤하나 따르며"(사사기8:4)

　구약성경 사사기 8장 1~5절 말씀에 보면 이름 없는 신앙의 영웅들, 달리 말하면 숨은 일군들이 소개되어 있다. 기드온이 미디안 군대와 더불어 큰 싸움을 할 때에 자기들을 불러주지 아니한 것에 대해 섭섭하게 생각하고 크게 다툰 내용이 있다.
　오늘날 교회 안에서 이러한 항의를 찾아보기 힘들지 않은가? 다른 사람들이 하나님 나라를 위하여, 교회를 위하여 수고할 때 나는 무엇을 하였는가? 나는 그 때 어디에 있었는가를 묻는 이가 얼마나 되겠는가? 충성할 수 있는 기회를 몰랐다거나 미처 참여하지 못했다면 안타까워하고 가슴을 쳐야할 것인데 다행으로 여기는 불충함은 없는가?
　그런데 기드온 300용사는 비록 피곤했지만 따랐다고 기록하고 있다. 모두가 편하게만 신앙생활하려고 하는 세태에도 불구하고 숨은 일군들이 있었다. 대부분 성도들은 개척교회에 부담을 가지고 몸을 사리는 시대흐름이지만 그래도 숨은 일군들의 헌신적인 수고와 땀이 있었기에 교회는 성장해 갔던 것이다.

로마서 16장에는 26명이나 되는 바울의 동역자들을 기록하고 있다. 그들은 특별한 사람들이 아니고 우리가 주 안에서 얼마든지 만날 수 있는 평범한 사람들이다. 겐그레아 일군 뵈뵈, 언제든지 성경을 펼 때마다 아름다운 향기를 풍기는 브리스가와 아굴라 부부, 바울을 위하여 목이라도 내어놓을 만큼 희생을 각오한 이러한 일군을 찾기가 쉽지 않은 시대에 우리가 살고 있다. 간이라도 빼어 줄 것처럼 봉사하다가 어느 날 갑자기 돌아서는 자가 있다.

아시아에서 처음 익은 열매 에배네도, 그는 복음을 받고 성숙한 신자가 되었다는 의미이다. 세월은 흘러가도 시대 시대마다 교회마다 숨은 일군들이 있었다. 나는 지금 어떤 사람으로 주님의 몸된 교회에 각인되고 있을까? 세월이 흐른 후에 아무도 기억하지 못하는 그런 사람이 아니라 분명하게 새겨지는 성도가 되어야 하지 않겠는가? 많이 수고한 마리아, 생각하면 자기를 위한 수고는 기록되지 않고 주를 위한 수고는 주께서 기억하시리라! 많은 수고는 남을 유익하게 할 뿐 아니라 자기의 성숙을 위해서도 자신의 완성을 위해서도 유익하다고 본다.

10년 목회에 많은 동역자들의 수고와 헌신이 있었다. 그 이름을 일일이 공개할 수 없으나 주님은 기억하시고 상 주실 줄 믿는다. 10년 목회를 회고하면서 하나님의 일은 결코 혼자 하는 것이 아니라는 결론을 얻었다. 또한 나 자신이 다른 사람의 진정한 동역자가 되어야 한다는 사실이다. 목회는 리더쉽도 중요하지만 파트너쉽이 더 중요함을 체험으로 깨닫게 되었다. 성공은 바른 판단에서, 바른 판단은 많은 경험에서, 많은 경험은 많은 실패에서 얻는다는 것을 목회현장에서 얻게 되었다.

12.
개판당회, 살판당회

"너희가 짐을 서로 지라 그리하여 그리스도의 법을 성취하라"
(갈라디아서 6:2)

　적절한 비유일지 모르나 나와 당회의 관계를 이렇게 정리해 보았다. 미국에 마린 캐디라는 여자교사가 있었는데 그는 크리스천이었다. 그는 37살 나이에 첫 아들을 낳았으니 얼마나 기뻤을까? 그러나 놀랍게도 태어난 아기는 몸이 하나요 머리는 둘인 기형아였다. 그는 하늘이 무너지는 것 같은 절망감에 사로잡혔다. 그래도 현대의술을 믿고 분리수술을 시도했으나 불가능하다는 판정을 받게 되었다. 몇 개월 밖에 살지 못한다는 의사의 판정에도 불구하고 생명에는 별 지장 없이 아이는 점점 자라는 것이었다. 마린 캐디는 아기의 양육을 포기하고 보모를 구하여 맡겨버렸다. 그러던 어느 날 그래도 자기 자식이라는 죄책감에 견딜 수 없어 찾아갔다. 아기의 옷을 갈아 입혀주는 순간 그의 마음속을 사로잡는 것이 있었다. "이 세상 많은 사람들 가운데 하필이면 이런 아이를 주신 하나님의 뜻은 무엇일까?' 이 문제를 놓고 기도하던 어느 날 깨달음이 왔다. "내가 할 일은 이 아이를 사랑하는 것이다" 하나님이 자기에게 주신 십자가인 줄 받아들이고 그 아이를 제 손으로 키우기로 결심했다. 그는 그날부터 아이를 유모차에 태우고 동네 출입을 시작했다. 동네 사람들에게는 완전히 구경거리가 되고 말았다. 아이가 점점 자라면서 그는 새로운 사실을 발견하게 되었다. 머리가 둘인 아기는 서로 요구하는 것이 다르다는 것이었다. 한 머리는 먹고 싶은데 한 머리는 먹기 싫어하고, 한 머리는 자고 싶은데 다른 머리는 자기 싫어하는 것이었다. 이러한 혼란 속에서도 아이는 조금씩 성장해갔다. 참으로 놀라운 것은 나이가 들어가면서 두 머리는 서로 양보도 하고 협조도 하면서 살아가더라는 것이다. 도무지 하나 될 수 없는 형편에서 도무지 사랑할 수 없는 형편에서 서로 양보하고 서로 협조하면서 살아가는 것이 구약성경 호세아서에 나오는 인애라는 뜻이다. 호세아 선지자는 나중에 자신을 가리켜 "간이 썩었다"고 고백했다. 머리가 둘인 자식을 안고 가슴앓이하며 살아가는 여인이나 바람난 아내 때문에 간이 썩은 호세아를 통해서 하나님의 아픔을 배우게 된다. 장애인을 돌보시는 어느 목사님은 자기 아들이 교통사고로 두 다리를 절단하고 나서 그 뒷바라지를 하다가 장애인의 아픔을 통해 하나님의 아픔을 체험했노라고 간증한 적이 있다. 나는 얼마 전 정밀검사에서 간 기능이 극도로 떨어져 있으니 빨리 치료하라는 진단을 받았다. 간이 녹아내리는 답답함으로, 내 입에서 튀어 나온 말은 "개판 당회, 그러나 살판 당회"였다. 개척교회가 세워지고 당회(완전당회)가 구성된 것은 하나님의 큰 축복이었다. 기도 중 때를 따라 장로를 피택하고 내 손을 얹어 안수하고 세웠으나 하나님과 교회 앞에 서약한대로 목회에 협력하는 편은 아니었다. 특히 중요한 선교문제나 건축할 때, 그리고 건축이 끝나고 노인복지를 통한 장기비전에는 반대하거나 비협조적인 태도로 인하여 힘들었고, 성도들에게는 본이 되지 않았다. 중직자의 처신이 얼마나 교회에 큰 영향을 미치는가? 도무지 함께 동역할 수 없는 상황에 이르러 교회의 머리되신 주님은 위임투표라는 방편을 통해서 나를 편히 놓아주셨고, 한소망교회를 개척하게 하셨다.

13.

개척교회 섬기면서 가장 힘들었던 일

"사람을 감찰하시는 자여 내가 범죄하였은들 주께 무슨 해가 되오리이까 어찌하여 나로 과녁을 삼으셔서 스스로 무거운 짐이 되게 하셨나이까" (욥기7:20)

    욥이 고난을 당할 때 하나님께 항변을 한 말이다. 다이아몬드 국제규격이 48각인데 우리 눈으로 식별이 어렵다. 그런데 자연석을 가져다가 갈고 닦아 아름다운 다이아몬드로 빚어지는 것이다. 인간도 자연인 그대로는 쓸 수 없기에 하나님은 이모저모 공동체를 통해 우리를 깎고 다듬어쓰신다.

    나는 신학을 하는 과정에서 만난 충격적인 사건을 잊을 수 없다. 독일에서 운전면허증을 취득하고 무사고 10년을 지내다 귀국하여 첫 사고에 사람이 죽는 사고가 있었다. 이 일로 교도소에 2개월 반을 있었는데 그 때 내가 하나님을 향하여 욥처럼 "어찌하여 나를 타켓으로 삼으셨습니까?"라고 항변했다. 미련한 종이 뒤늦게 깨달은 것이지만 나의 모난 자아를 깨뜨리시는 하나님의 작업이셨다. 그러면 이 한번의 작업으로 하나님께서 쓰실만한 인간이 되었을까? 개척교회를 섬기면서 가장 힘들었던 것은 역시 나 자신과의 싸움이었고, 특히 목사가 되고 난 후에는 어느 누구도 나를 가르쳐 주지 않았다. 아니, 내 자신이 누구에게서도 배우려는 겸손이 부족했다는 것이 나의 솔직한 고백이다.

1992년 종교계의 노벨상이라는 템플턴 상을 수상하셨던 한경직 목사님은 많은 사람들이 존경하는 목사님이셨는데도 어느 날 한 성도가 찾아와 목사님의 약점 열가지를 하나하나 지적했다고 한다. 그 때 한경직 목사님은 다 듣고 난 후 내게 약점이 열가지 뿐이겠습니까? 열한가지, 열두가지, 열세가지... 하면서 자기는 부족투성이라고 하니 그 성도가 부끄럽게 뒤돌아갔다는 얘기가 있다. 내가 만약 그런 상황이 되었으면 약점을 하나하나 지적하는 성도를 향해 과연 뭐라고 했을까? 나는 그분의 인격에 천분의 일, 만분의 일도 따라가지 못하겠다는 생각을 한 적이 있다.

개척교회를 섬기면서 여러 가지 장애물을 만나게 되었다. 그 때마다 나는 정면돌파하는 편이 많았다. 장애물을 피해갈 수도 있고 장애물을 무시할 수도 있지만 나는 대체로 부딪쳐 보자는 경향이었다. 수용보다는 추진력에 무게를 두고 일을 처리하다 보니 사람과 부딪치는 경우도 적지 않았다. 하나님께서 솔로몬에게 지혜롭고 총명한 마음을 주셨고 구하지 아니한 부와 영광도 주셨는데 왜 덤으로 "넓은 마음을 주시되 바닷가의 모래같이" 하셨는지를 알게 되었다.

"주여 내게도 태평양 같은 넓은 마음을 주셔서 어떤 오물도 다 정화하게 도와주소서!"

14.
헌금의 3원칙

"흩어 구제하여도 더욱 부하게 되는 일이 있나니 과도히 아껴
도 가난하게 될 뿐이니라 구제를 좋아하는 자는 풍족하여질 것이
요 남을 윤택하게 하는 자는 윤택하여지리라"(잠언11:24~25)

 개척교회의 또 하나의 어려움은 재정문제이다. 빈손으로 시작해서 숟가락 하나, 밥그릇 하나 사야하는 처지에 필요한 것 하나 구입하려고해도 항상 주머니를 생각하지 않을 수 없었다. 그러나 원칙이 지켜지는 사회, 상식이 통하는 사회를 건전한 사회라고 하는데, 교회헌금에도 원칙을 세웠으니 1)감사함으로, 2)감동받은대로, 3)감당할만큼의 3감 원칙이었다.
 감사함으로 얻는 복이 무엇일까? 신앙적으로 큰 복이 되고 인격적으로 복이 되니 감사하는 자의 얼굴에 침을 뱉겠는가? "범사에 감사하라 이는 그리스도 예수 안에서 너희를 향하신 하나님의 뜻이니라"(살전5:18) 그리고 감사하며 살 때 육체적으로도 복을 얻는다. "사람의 심령은 그 병을 능히 이기려니와 심령이 상하면 그것을 누가 일으키겠느냐"(잠18:14) 감사하는 자에게 물질의 복도 약속하고 있다. 토리 박사는 "감사하는 사람은 축복의 열쇠를 가진

자"라고 했다. 많은 사람들은 물질이 있으면 행복할 수 있다고 착각하고 있다. 그러나 물질은 필요조건이지 충분조건은 될 수 없다. 돈이 없다고 기쁨이 사라지고 돈이 없다고 감사가 없고 돈이 없다고 평안이 없다면 재물을 신(神)으로 모신 자가 아닐까?

　헌금은 감사함으로, 감동받은대로, 감당할만큼 하면 시험에 들지 않고 오히려 남을 구제하는 윤택한 자로 살게 될 것이다. 성경에는 가난한 자들에 대한 하나님의 세심한 배려가 나타나 있다. 가난한 자들에게는 이자를 받지 않도록 했고, 가난한 자들에게는 품삯을 당일에 주도록 했고, 추수 때에는 가난한 자들을 위해 다 거두지 말고 조금씩 남겨둘 것이며, 희생제물을 드릴 때도 형편에 맞추어서 소와 양을 드리되 비둘기나 밀가루로 드릴 수 있도록 배려했으며, 가난한 자의 빚을 탕감해 주라고 말씀하셨다. 그러므로 감낭할만큼 하면 왜 시험에 들겠는가? 나는 예수 믿고 한 과부를 좋아하게 되었는데 그 과부는 두렙돈을 헌금궤에 넣고 예수님의 칭찬을 받은 자이다.

　왜 가난할까? 성경에서 여러 가지 원인을 살펴보면 흉년이 들어 가난하게 될 수 있고, 게을러서, 잠자기를 좋아하므로, 연락을 좋아하므로 그리고 술 취하고 방탕함으로 가난하게 된다고 했다. 가난은 가정의 파탄의 원인이 되기도 하며 가난으로 형제들과 이웃의 미움을 받기도 하며, 가난으로 친구를 잃기도 하며, 가난으로 압제와 멸시와 억울함을 당하며, 가난으로 심한 고생을 하기도 한다. 감리교의 창시자 요한 웨슬레는 재물에 대하여 "할 수만 있으면 많이 벌어라! 할 수만 있으면 많이 모아라! 할 수만 있으면 많이 주어라!"라고 가르쳤다.

감사에 대한 설교를 얼마나 많이 했던가? 감사가 복이라고 가르쳤으나 절기 때나 한두번 감사헌금하는 자들이 많았다. 비록 적은 액수지만 나는 매주 감사하면서 가르쳤다. 3감의 원칙(감사함으로, 감동받은대로, 감당할만큼)은 지금도 변함없는 목회원칙이다.

15.

사랑하는 아내여!
하늘에서 그대 상급은 나보다 많을 것이요

"여호와 하나님이 아담에게서 취하신 그 갈빗대로 여자를 만 드시고 그를 아담에게로 이끌어 오시니 아담이 가로되 이는 내 뼈 중의 뼈요 살 중의 살이라 이것을 남자에게서 취하였은즉 여자라 칭하리라 하니라"(창세기2:22~23)

지금의 내 아내는 독일에서 만났다. 나는 광부로, 아내는 간호사로 고달픈 외국생활 중 3년 연애 끝에 결혼에 골인했다. 아내의 꿈은 성악가였다. 독일 도르트문트대학의 교수에게 자질까지 인정받았으나 간호원 생활하면서 공부한다는 것은 무리라는 조언을 받고 그 꿈을 접은 적이 있다. 아내는 나보다 먼저 예수를 믿었고, 마음은 언제나 밝고 긍정적이었다. 결혼 전에는 절대 고생시키지 않겠노라고 약속했지만, 지금 돌이켜보면 고생고생만 했다는 것을 이사기록을 보면 한 눈에 알 수 있다. 독일에서 12년 생활하고 영주귀국신고를 한 후부터 이사기록을 보면
① 대구직할시 동구 신천동 136-2 (1989.1.6)

② 대구직할시 동구 신암동 195-1 (89.2.3)
③ 대구직할시 동구 노원동3가 891-3 (89.12.17)
※이상이 경북신학교 재학 중 이사한 기록임.
④ 경남 울산시 동구 전하동 634-24 (1991.6.26)
⑤ 경남 울산시 동구 진하동 635-4 (91.11.13)
⑥ 경남 울산시 동구 전하동 620-6 (92.9.10)
⑦ 경남 울산시 동구 전하동 637-1 (93.7.31)
※이상이 미포교회 교육전도사로 3년 봉사 중 이사한 기록임.
⑧ 경남 울산군 농소면 신천리 299-8 (1994.3.15)
⑨ 경남 울산시 울주구 농소읍 신천리 745-96 (95.3.10)
⑩ 경남 울산시 울주구 농소읍 신천리 431-1 (95.5.18)
⑪ 경남 울산시 울주구 농소읍 신천리 388 (96.5.13)
⑫ 울산광역시 북구 신천동 310 (97.7.15)
※이상이 왕성교회 개척 후 10년간 이사한 기록임.
⑬ 울산광역시 북구 진장동 780-1 (현재)
※한소망교회를 개척하면서 다시 이사함.

1988년 11월 1일에 독일에서 귀국하여 오늘까지 15년 동안 이사를 13번했으니, 1년에 한번 꼴로 이사를 한 셈이다. 이사를 많이 하게 된 것은 사역지에 따라 자의반 타의반, 때로는 교회교육관 신축이나 사택제공으로, 때로는 좋은 일로, 때로는 부득이한 사정으로 이사를 하게 되었는데 이사 13번에 남는 것은 고생한 기억 밖에 없고, 다만 아내와 하나밖에 없는 딸 소영이에게 미안할 뿐이다. 특히 딸 소영이는 귀국할 때가 초등학교 일학년 입학을 몇 개월 앞둔 시점에 한국말도 잘하지 못하던 그 때 큰 환경의 변화에도 불구하고 그래도 별탈없이 티 없이 밝게 자라 주었으니 전적 하나님의 은혜이다. 지금은 어엿한 인제대학교 사회복지학과 4학년이 되었다.

아내에게 무엇보다 감사한 것은 어려운 가운데서 집안 살림을 잘 꾸려나갔고, 언제나 내 목회의 안식처가 되도록 가정을 가꾸어 주었다. 목회 뒷바라지하다 눈물 흘리는 모습도 많이 보았다. 지금도 잊지 못하는 것은 목사가정이 건축헌금 적게 했다는 비방을 듣고 "우리 사정 주님이 잘 아시는데 주님 앞에 빨리 가고 싶다"는 고백을 했을 때 무능한 남편인 내 가슴은 너무나 아팠다.

나의 사랑하는 동역자, 내 평생의 반려자. 지금까지 고생만하다 올해로 결혼 25주년(독일에서는 은혼식이라고 특별히 기념함)이 되었다. 귀국할 때는 목 디스크로 인해 잠을 잘 못잤고, 몸도 약한 편이었으나 하나님은 지금까지 병원에 눕지 않게 건강을 지켜주셨다. 이제 벌써 50대이지만 내 눈에는 아직도 청춘이다. 숨질 때 남길 말 "그대 나의 모든 것, 나의 모든 것 그대 것, 사랑하는 아내여 주 안에서 모든 수고는 결코 헛되지 않을 것이니 주님나라에서는 그대 상급이 나보다 많을 것이요"

내평생 동역자인 아내와 함께

16.

교육은 어떻게 했소?

"에스라가 여호와의 율법을 연구하여 준행하며 율례와 규례를
이스라엘에게 가르치기로 결심하였었더라" (에스라7:10)

작심삼일(作心三日). 신앙생활에도 작심삼일 될 때가 많다. 에스라는 귀국하면서 3가지 결심을 했는데 여호와의 율법을 연구하기로 결심했고, 여호와의 율법을 준행하기로 결심했고, 여호와의 율례와 규례를 이스라엘에게 가르치기로 결심했다. 그리하여 한 사람의 결심이 이스라엘 민족의 영적부흥에 큰 영향을 미쳤다.

교회교육에 있어서 먼저 교회외적인 교육환경을 보면 과외교육이 망국병에 이르게 되었다. 독일만 해도 모든 것이 공교육이요, 사교육은 제도적으로 막고 있다. 일본도 60년대에 과외열풍이 있었으나 지금은 거의 사라진 상태이다. 우리는 사교육이 망국병이라고 보는 이유는 하나님 없는 교육은 실패라는 것이다. 교회교육 환경은 일반교육에 비교가 안될 만큼 열악하다. 교회학교 교사는 국졸에서 대학원졸업자까지 다양하고 급료는 전혀 없고, 교실이나

교재도 빈약하다. 가진 것은 오로지 입 하나! 그러나 사명감! 누구 하나 알아주지 않고 푸대접해도 견디는 것은 오로지 사명감 하나!

그러나 최근의 흐름을 보면 영혼을 사랑하는 뜨거움도 없고 심방하는 교사, 전도하는 교사 보기 어렵고 교사강습회도 헌신예배에도 얼굴이 잘 보이지 않는다. 이쯤 되면 사단의 무차별 문화적 공격 앞에 우리 아이들을 보호할 수 있을까? 교회학교 부흥은 교사에게 달려있음을 믿고 있으나 개척교회에서 자체적으로 교사교육이 어려웠다. 그래서 교단에서 실시하는 성경통신대학과 교사통신대학을 이수하도록 권면했더니 개척 10년에 28명이나 졸업을 하게 되었고, 교사 자신이나 교회에 유익했다.

주일학교와 장년까지 교육목표는 세가지였다.
1) 거듭난 신자 (기독교교육의 기초)
2) 성숙한 신자 (세살 버릇 여든까지 간다)
3) 하나님의 의(義)를 이루는 천국시민 (책임감 있는 신자)

세상에 교사는 많지만, 훌륭한 사표는 많지 않고, "주 안에 일만 스승이 있으나 아비 같은 자가 많지 않다" (고전4:14~16) 아비란 복음으로 아이들을 회심시키고, 복음으로 계속해서 그들을 양육하는 영적 아버지를 말한다. 교육 중에 교육은 본을 보이는 것이라고 나는 믿고 있다.

1000원짜리 깻잎에 대한 사연이 있다. 어떤 장로님이 주일 낮예배를 마치고 가족과 함께 집으로 돌아가는 길에 깻잎이 있는 밭을 지나가게 되었다. 그 아내가 "이것 좀 따다 쌈 싸먹으면 좋겠네" 하기에 생각 없이 남의 밭에 깻잎을 좀 따게 되었다. 아이들이 보고 있다는 생각에 아비는 1000원짜리 지폐하나를 깻잎에 달아놓고 집으로 돌아왔다. 세월이 수십년이 지난 후 아이들이 장성하여 출세했고, 그 아이들이 모이기만 하면 우리 아버지는 1000원짜리를 깻잎에 달아놓은 양심적인 아버지로 기억하고 있었다는 얘기다. 이처럼 본을 보이는 것은 중요하다고 본다.

　이제는 교회교육도 실력을 갖춘 영성이 필요한 때가 되었다. 사회가 점점 복잡해짐에 따라 전에는 없던 희귀한 병들이 생기고 있다. 그 중에 하나가 간 경화증이다. 간이 부은 것보다 간이 배 밖에 나온 것보다 간이 굳었다는 것은 손을 쓸 수 없을 만큼 무서운 병이다. 성경에 바로의 마음이 그랬고, 이스라엘 백성들이 그랬고, 이 시대의 사람들의 마음이 그렇다. "그러므로 성령이 이르신 바와 같이 오늘날 너희가 그의 음성을 듣거든 노하심을 격동하여 광야에서 시험하던 때와 같이 너희 마음을 강퍅케 하지 말라"(히 3:7~8) 교회교육의 주적은 배움에 대한 거부와 무관심, 강퍅한 마음이라고 본다. 간 경화증은 일시에 굳어지는 것이 아니라 조금씩 굳어지기 때문에 감지를 못하고 어느 날 갑자기 기능이 마비되기 때문에 무서운 병이다.

여름성경학교 모습

여름성경학교 캠프에서

17.

끝이 좋아야 모든 것이 좋다

"너희 속에 착한 일을 시작하신 이가 그리스도 예수의 날까지
이루실 줄을 우리가 확신하노라" (빌립보서1:6)

독일 격언 "Ende gut, Alles gut." 끝이 좋아야 모든 것이 좋다는 뜻이다. 어떤 사람은 일을 깔끔하게 마무리하는가 하면, 어떤 사람은 거창하게 일을 시작해놓고 나중에는 용두사미 격으로 흐지부지 끝내는 사람도 있다. 돈을 빌릴 때는 철석같이 약속하고는 끝에는 이 핑계, 저 핑계 대면서 안 갚는 사람이 있다. 어떤 사람은 간을 빼줄듯이 마음을 주었다가 뒤끝이 안 좋은 사람도 있다.

끝맺음을 잘한 사람 중 대표적인 인물이 바울인데, 그는 "옛사람이 십자가에서 분명하게 청산되었다"고 고백했다.(갈5:24) 무엇보다 그는 목회를(봉사사역) 잘 마무리했다. 그는 많은 교회를 개척했고, 교회를 위하여 수고와 눈물을 흘렸다. 그는 에베소 교회를 3년간 목회하면서 교회에 조금이라도 유익이 되는 것이면 공중 앞에서나 각 집에서 거리낌 없이 증거했고, 사람을 조금도 두려워하지 않았다. 그는 자기생명을 돌아보지 아니하고 열심히 일했고(행

20:24), 눈물을 쏟으면서 최선을 다했다(행20:32).

그의 마지막 죽음의 길인 예루살렘으로 올라갈 때 생명의 위협이 있다고 만류했으나 에베소 교회를 떠나면서 끝맺음이 깨끗했다. 그가 에베소 교회를 떠나면서 남긴 말이 무엇인가? 모든 사람의 피에 대하여 깨끗하다고 고백했다(행20:26). 무슨 뜻인가? 복음을 분명히 전했고, 복음을 충분히 전했다는 것이다. 그리고 에베소 교회의 장래를 위하여 "주(主)와 그 은혜의 말씀에 부탁한다"고 했다(행20:32).

무엇이 주님의 교회를 든든히 세워갑니까? 하나님의 은혜로 되는 것을 나도 목회 10년을 마감하면서 체험으로 분명히 고백할 수 있다. 사도바울은 인생의 종말도 아름답게 끝맺음했다. 그가 로마 감옥에서 순교의 제물이 되어야하는 죽음의 순간을 앞두고 그의 사랑하는 제자 디모데에게 쓴 편지에서 이렇게 고백했다. "내가 선한 싸움을 싸우고 나의 달려갈 길을 마치고 믿음을 지켰으니"(딤후4:7)

나는 이태리를 두 번 여행할 기회가 있었다. 로마근교에 바울성전이 있는데, 바울의 무덤 밑에는 디모데의 무덤이 있다. 죽어서라도 스승 곁에 묻히기를 소원했던 디모데, 얼마나 아름다운 모습인가? 바울이 남긴 것은 외투한벌, 펜 하나 그리고 가죽종이에 쓴 성경한권(진품인지는 알 수 없다)이 그 무덤 옆에 놓여있었다. 그는 앞만 보고 달렸다. 한번도 뒤돌아보지 않았다. 그는 공개적으로 달렸다. 자기를 조금도 감추지 않았다. 그는 쉬지 않고 달렸다. 그는 인내하면서 달렸다. 그리고 허다한 증인들 앞에서 끝까지 달렸다. 내 목회의 영원한 사표 바울. 스승이여, 내 손 좀 잡아 주이소!

제 3 부

나의 이력서

1.

나의 어린시절에서 독일광부로 가기까지

나는 1948년 7월 6일 경남 남해군 고현면 이어리 541번지에서 아버지 김봉환, 어머니 박봉순 사이에 6남매의 둘째로 태어났다. 위로 누님은 지금 서울 대림동 시장에서 30년 넘게 생선장사를 하고 있다. 대림시장에서 은주엄마하면 모르는 사람이 없을 정도다. 한눈팔지 않고 소시민으로 성실히 살아 아들, 딸 대학을 다 보냈다. 내 형제는 두철, 두성, 두관(전 남해군수, 전 행정자치부장관), 두수(경기 일산 을 17대 열린우리당 국회위원 후보) 다섯 형제다.

어린 시절 기억엔 가난 밖에 없다. 먹을 것이 없어 헐떡거리던 시절. 하나님을 알지 못하던 나는 가난이 지긋지긋하여 배터지게 먹고 죽는 것이 소원일 때도 있었다. 학교에 내야 할 돈을 제때에 못 내어 벌서고 변소청소나 하던 설움이 지금도 생생하다. 중학교 졸업식 때 학술최우수상을 받았으나 진학하지 못하고 그 이듬해 부모님 몰래 시험치고 시골고등학교에 들어갔다. 그 당시 교육제도가 바뀌어 농업고등학교는 반이 농업과목이고, 그 중에 반은 실습이었다. 그 당시 늦게까지 도서실에 앉아 읽었던 책이 상록수, 흙, 유달영 교수가 쓴 농촌개혁에 관한 책들이었다. 덴마크 지도자 구른트비히나 달가스를 존경했고, 나도 농촌개혁자가 되겠다는 꿈을 가지게 되었다. 그러기 위해서는 대학진학을 해야겠는데 희망이 보이지 않아 가출을 하게 되었다. 선생님에게 머리가 아프다고 가짜 진단서를 끊어 제출하고, 고3 2학기 때에 절에 들어갔다. 고3은 형편없는 성적으로 겨우 졸업을 했고, 건국대학교 축산학과에 도전했으나 낙방하고 말았다. 당시 건대축산학과에 16대 1이었는데, 졸업하면 덴마크에 유학하는 길이 있었는데 그 꿈은 깨어지고 말았다.

그 해 내게는 큰 충격적인 일이 집안에 일어났다. 아버지가 갑자기 돌아가셨다. 그 슬픔으로 인해 오랫동안 방황했다 그리고 군내 반기 제대를 하고 독일광부로 취업하면 덴마크 유학의 꿈도 이루어질 수 있다는 생각을 하게 되었다. 당시만 해도 돈 없고, 실력 없고, 빽 없는 사람은 길이 보이지 않던 어려운 시절이었다. 다행히 파독광부의 길이 열려 독일로 가게 되었는데, 그 때가 1976년 4월 26일이었다. 이 땅에서 발붙이지 못하고 팔려간 잉여인간으로 해외개발공사를 통해 계약을 했는데 3년 동안은 지하노동을 해야 하는 조건이었다.

내가 근무한 지역은 독일 중부 루루탄광지역 중 딘스라켄 광업소였다. 지하 800미터까지 내려가 하루 8시간 고된 노동을 3년간 했다. 그 생활상은 박영훈씨가 쓴 「아우토반의 눈물」이라는 책에 실감있게 기록되어 있다. 그 내용 중 일부를 소개하면, 군사혁명을 일으킨 고 박정희 대통령은 미국으로부터 원조가 여의치 않아 경제개발계획을 추진하기 위해 독일의 차관을 도입하게 되었다. 그러나 독일(서독)이 돈을 빌려 주고 싶어도 담보될만한 것이 없어 한국광부와 간호원의 봉급을 담보조건으로 차관을 제공하게 되었다.

당시 노동자 봉급이 한국의 장관 봉급수준이었다. 고 박정희 대통령은 독일 대통령의 초청으로 독일에 국빈 방문을 하게 되어 그 당시 노동하던 광부와 간호원들을 만나게 되었다. 나라가 가난하여 대한민국 아들, 딸들이 먼 이국에까지 노동자로 팔려와 고생하는 현장으로 보고 눈물을 많이 흘렸다. 그리고 독일 리프케 대통령과 함께 아우토반을 달리는데 대통령은 눈물을 그치지 못했다. 그때 독일 리프케 대통령이 "내가 도와주겠소. 당신 나라 사람들은 부지런하니 잘 살게 될 것이요, 용기를 내시요" 하고 위로한데서 「아우토반의 눈물」이라는 책 제목이 되었다.

- 전 남해군수
- 전 행정자치부 장관
- 현 열린우리당 중앙위원

김두관(나의 셋째동생)

- 현 동북아 비젼 연구소 소장
- 현 열린우리당 중앙위원
- 17대 경기일산 을 국회위원 후보

김두수(나의 막내동생)

2.
독일생활 12년에서 배운 것

    독일은 원래 미개한 민족이었는데, 복음을 받고 일류국가로 발전했다. 2차대전 패전 후에는 비참한 때도 있었다. 미군으로부터 빵 한 조각을 얻기 위해 하루 종일 줄을 서 있어야 했고, 여인들은 배고픔을 면하기 위해 치마를 벗어야하던 때도 있었다. 그러나 독일은 저력이 있는 민족이다. 「라인강의 기적」은 우연히 된 것이 아니다. 패전 후에 종교세를 신설하고, 도시건축에 가장 좋은 자리에 교회를 세우고 어디서든지 창문을 열면 교회가 보이도록 도시건축 설계를 제도화했다. 교회부흥은 곧 국가부흥으로 나타났다.
    독일인들은 근면성실하다. 직업을 거의 바꾸지 않는다. 직업을 "Beruf"라고 하는데, "위에서 부르셨다"는 뜻이니 천직이라는 뜻이다. 그리고 독일인들은 근검절약하는 것이 몸에 배여 있다. 자녀들이 결혼해도 열쇠 몇 개를 주는 것이 아니라 신혼부부가 열심히 일해서 냉장고하나 사고, 또 몇 달 모아서 침대하나 사고, 그래서 조금씩 살림을 장만해 나간다. 기후관계도 있지만 옷차림은 수수

하고, 남을 배려하는 친절함이 생활화되어 있다. 특히 유머가 많은데, 이것은 그들의 생활의 여유에서 온 듯하다.

한가지 안타까운 것은 교회가 많이 쇠퇴해가고 있다는 점이다. 살아 움직이는 교회들도 있지만 전반적으로 영적파워를 잃어가고 있다. 독일의 신학사상의 영향도 있겠으나 생활의 부요로 인해 결국 하나님을 떠나는 것이 아닌가? 전적으로 타락한 인간의 본성은 배부르면 하나님을 찾지 않기 때문이다. 주 5일 근무제가 시행된 지 오래되었고, 주말이면 멀리 떠날 준비를 하고 세상에 취해 즐기다 주일저녁에나 돌아오니 월요일까지 지장이 있어 월요병이라는 것이 있다. 이제 한국도 주 5일 근무제를 앞두고 교회는 특별한 대안이 없는 상태다.

결혼사진

나의 딸 소영이의 어린시절(아래줄 맨오른쪽)

카타콤베 동굴 안에서

이태리 피사의 사탑 앞에서

이태리 로마 콜로세움 앞에서

3.

꿈꾸는 자의 인생행로

덴마크 유학에 대한 꿈이 독일광부로 가게 된 동기가 되었다. 한국을 떠날 때 나는 친구, 친척들에게 "내가 성공하기 전에는 죽어도 이 땅에 돌아오지 않을 것이요"하고 장담했다. 그 때 성공의 의미는 물론 돈을 벌어 귀국하는 것이었다. 그러나 지금 돌이켜보면 내 인생의 길이 내게 있지 않음을 고백하지 않을 수 없다. "여호와여 내가 알거니와 인생의 길이 자기에게 있지 아니하니 걸음을 지도함이 걷는 자에게 있지 아니하니이다"(예레미야10:23)

주님을 만나기 전에는 「굵게 짧게 사는 것」이 내 삶의 좌우명이었다. 도꾸가와 이에야스의 「대망」과 미시마 유끼오의 「행동과 죽음의 미학」을 읽으면서 인간은 짧게 살아도 굵게 살 수 있다는 신념을 갖게 되었는데, 가난하고 어두웠던 시절 인생을 방황하며, 인생의 허무를 논하며 얻은 결론이었다. 지하 800미터에서 고된 노동으로 지친 내 영혼에 어느 날 주님은 나를 찾아오셨다. 내가 만난 주님은 나의 길과 내 삶의 목적을 송두리째 바꾸어 놓고 말았다. 독일 영주권도 받은 상태이었으나 주님은 내게 불같은 소원을 주셨다. 주님의 거부할 수 없는 강권적인 부르심에 순종할 수밖에 없었다.

성공하기 전에는 죽어도 고국에 돌아오지 않겠다고 다짐하고 떠났지만 나는 모든 것을 정리하고 신학을 하기 위해 귀국하게 되었다. "내가 풍족하게 나갔더니(꿈에 부풀어) 여호와께서 나로 비어 돌아오게 하셨느니라"(룻기1:21)

예수 없는 나의 전반인생은 실패였으나 예수님과 함께하는 후반인생은 역전되리라! 왜냐하면, 나는 패자부활의 은총을 믿기 때문이다. 신학 재학 중 대구 소년원에 매주 금요일 오후 전도를 하게 되었는데, 출감하는 소년들에게(보호관찰대상자) 취직을 알선해주고 사회에 적응하도록 하는 새삶선교회를 운영하다가 그 때 교통사고의 충격으로 특수선교에 대한 꿈을 접게 되었다. "나의 가는 길을 오직 그가 아시나니 그가 나를 단련하신 후에는 내가 정금같이 나오리라"(욥기23:10)

신학을 마치기까지 독일 부퍼탈 한인선교교회의 도움을 잊을 수 없다. 함께 신앙생활하던 쾰른 한인 중앙교회 교우들도 그립다. 왕성교회를 개척하고 끊임없이 배후에서 기도하고 물질로 후원했던 미포교회 성도들에게 감사한다. 이제 부족한 종에게 다시 개척할 수 있도록 인도하셨는데, 주님이 허락하시는 그날까지 복지전문사역을 통해 복음을 전할 준비를 하고 있다. 하나님이 주신 꿈! 그 길을 따라갈 뿐이다.

나의 이력서 (신력포함)

1948년 7월 6일 경남 남해 출생
1969년 2월 22일 남해제일고등학교 졸업
1973년 10월 24일 육군(병장) 만기제대
1976년 4월 26일 ~ 1988년 10월 30일
12년간 독일생활(루루탄광, K.H.D.AG. 개인사업)
1979년 5월 12일 결혼(이수자와 사이에 1녀)
1980년 3월 3일 세례받음(딘스라켄 순복음교회 박길성목사로부터)
1991년 1월 15일 경북신학교(대학부) 졸업
1994년 2월 22일 고려신학대학원(목회연구과) 48회 졸업
1991년 7월 1일 ~ 1994년 2월 28일 울산 미포교회 전도사로 섬김
1994년 3월 21일 울산 왕성교회 개척 (10년 시무)
1995년 4월 4일 목사안수받음(울산노회)
2003년 6월 28일 사회복지법인 장수마을복지재단 대표이사(현재)
2004년 1월 1일 울산 한소망교회 개척(현재)

나의 개척 시대

■
초판 1쇄 인쇄 / 2004년 7월 20일
초판 1쇄 발행 / 2004년 7월 25일

■
지은이 / 김 영 철
펴낸이 / 김 수 관
펴낸곳 / 도서출판 영문
122-070 서울시 은평구 역촌동 10-82
☎ (02) 357-8585
FAX • (02) 382-4411
E-mail • kskym49@yahoo.co.kr

■
출판등록번호 / 제 03-01016호
출판등록일 / 1997. 7. 24

파본은 교환해 드립니다.
본 출판물은 저작권법으로 보호 받는
저작물이므로 출판사나 저자의 허락없이
무단 전재나 무단 복제를 할 수 없습니다.

정가 5,000원
ISBN 89-8487-147-8 03230
Printed in Korea